HISTOIRE

DE LA

RÉVOLUTION

EN AUVERGNE

PAR

M. JEAN-BAPTISTE SERRES

TOME VIII

LA TERREUR

MAURIAC

KOSMANN, LIBRAIRE.

1897

DU MÊME AUTEUR

En vente chez M. KOSMANN, libraire à Mauriac (Cantal).

HISTOIRE DE LA RÉVOLUTION

EN AUVERGNE

HISTOIRE

DE LA

RÉVOLUTION

EN AUVERGNE

PAR

M. JEAN-BAPTISTE SERRES

TOME VIII

LA TERREUR

MAURIAC

KOSMANN, LIBRAIRE.

1897

HITOIRE
DE LA RÉVOLUTION
EN AUVERGNE

CHAPITRE Ier

LA CONVENTION. — LES MASSACREURS DE SEPTEMBRE.
— AUVERGNATS MASSACREURS. — AUVERGNATS
MASSACRÉS. — LES CONVENTIONNELS D'AUVERGNE.
— ABOLITION DE LA ROYAUTÉ ET PROCLAMATION
DE LA RÉPUBLIQUE. — LETTRES ET ADRESSES
D'APPROBATION.

Le 21 septembre, l'Assemblée Législative cède
la place à cette assemblée fameuse connue sous
le nom de Convention nationale. Les nouveaux
députés avaient été élus dans les premiers jours
de septembre 1792, juste à l'heure formidable
du massacre des prisonniers de Paris.

L'ennemi franchissait les frontières de la
France ; exaspérés, les révolutionnaires se prirent à crier dans les rues de la capitale qu'il

fallait, avant d'aller combattre les ennemis du dehors, détruire les ennemis du dedans. Or, par ennemis du dedans, on entendait les nobles, les prêtres, tous les suspects, c'est-à-dire les riches, les aristocrates, les modérés, toute cette foule d'hommes, de femmes qui, accusés, à tort ou à raison, d'être opposés à la révolution, avaient été jetés par masse dans les prisons de Paris.

Il faut égorger tout ce monde. Donc on ferme les barrières de la Ville ; on sonne le tocsin ; on tire le canon d'alarme ; le drapeau noir est promené dans les faubourgs de la capitale ; les concierges des prisons ont ordre de laisser entrer les exécuteurs que l'on a soudoyés pour cette horrible besogne. Des bandits entrent en effet, armés de poignards, de piques, de haches, de massues et les massacres commencent dans toutes les prisons : à l'Abbaye, à la Force, au Châtelet, à la Conciergerie, aux Bernardins, à Bicêtre, à la Salpétrière, aux Carmes, à Saint-Firmin.

A l'instant, les travailleurs se mettent à l'horrible besogne, frappent dans le tas, tuent, tailladent, hachent, éventrent, assomment les malheureuses victimes ; ils les poursuivent dans les salles, dans les corridors, dans les cours, dans les jardins et ne laissent partout que des ruisseaux de sang et des chairs palpitantes. Chaque prison est un charnier.

C'était le 2 septembre 1792 que commença cette boucherie. « Six jours et six nuits de tuerie non interrompue ; 171 meurtres à l'Abbaye ; 169 à la Force ; 223 au Châtelet ; 328 à la Conciergerie ; 73 aux Bernardins ; 120 aux Carmes ; 79 à Saint-Firmin ; 170 à Bicêtre ; 350 à la Salpétrière. Parmi ces morts, 250 prêtres, 3 évêques ou archevêques, des officiers généraux, des magistrats, un ancien ministre, une princesse de sang, les plus beaux noms de France et, d'autre part, un nègre, des hommes du peuple, des gamins, des forçats, de vieux pauvres. » (1)

Parmi les égorgeurs de septembre, nous découvrons deux Auvergnats : Joachim Ceyrat, né à Clermont, juge de paix à Paris, et Pierre Grenier, de Saint-Flour, doreur à Paris. Ils furent l'un et l'autre, après la Révolution, déportés aux îles Seychelles.

Parmi les massacrés, nous comptons cinq victimes de l'Auvergne : les deux de Montmorin et François de Méallet de Fargues, dont nous avons raconté la lamentable mort, puis l'abbé Cussac, de Saint-Flour, prêtre de Saint-Sul-

(1) *Hist. de la Révolution* par Taine. T. II, p. 302.

pice, massacré aux Carmes ; enfin Jacques Fri-
teyre Durvé, natif de Marsac, dans le District
d'Ambert, ancien jésuite, qui, après la dissolution de la Compagnie de Jésus, était entré dans
la congrégation des Eudistes à Paris ; il fut
également massacré aux Carmes.

Les massacres de septembre jetèrent l'épou-
vante dans toute la France et c'est au moment
de cette terreur générale, qu'eurent lieu les
élections des députés à la Convention.

Les électeurs du département du Cantal se
réunirent, le 2 septembre, dans la chapelle du
collège d'Aurillac, et terminèrent leurs séances
le huit du même mois.

Voici les noms des députés qu'ils choisirent :

Anne-Alexandre Thibault, évêque constitutionnel du Cantal.

Jean-Baptiste Milhaud, cadet, d'Arpajon.

Jacques Méjansac, homme de loi à Pierrefort,
administrateur.

Jean-Baptiste Lacoste, fils, juge de paix, à
Mauriac.

Jean-Baptiste Carrier, avoué, à Aurillac.

Joseph Mailhe, juge au tribunal de Salers.

Antoine-Dominique Chabanon, maire de
Murat.

Guillaume Peuvergne, négociant à Allanche.

SUPPLÉANTS

Pierre Mailhe, négociant à Aurillac.

Antoine Bertrand, de St-Flour, secrétaire général du département.

Nicolas Mirande, de Mauriac, juge à Salers. (1)

Après l'élection des députés à la Convention, l'assemblée électorale du département choisit les nouveaux membres des administrations du Cantal. (2)

Les électeurs du Puy-de-Dôme se réunirent, le 7 septembre, dans l'église des Cordeliers, à Clermont, et nommèrent pour députés à la Convention, les personnages suivants :

Georges Couthon, avocat à Clermont, membre de la Législative.

Jacques-Antoine Dulaure, homme de lettres, né à Clermont.

Pierre-Martin Gibergues, curé de Saint-Floret, député de la Législative.

Étienne Maignet, avocat à Ambert, député de la Législative.

Charles-Gibert Romme, né à Roche-Dagoux (Puy-de-Dôme), député à la Législative, professeur de mathématiques.

(1) Procès-verbal de l'Assemblée électorale du Cantal.

(2) Voy. Aux *Pièces justificatives* la liste des nouveaux administrateurs n° 1.

Pierre-Auguste-Amable de Soubrany, ancien député à la Législative, maire de Riom.

Henri Bancal des Issards, de Clermont, ancien notaire à Paris.

Jean-Baptiste Girod-Pouzol, de Vodable, avocat à Clermont.

Claude-Antoine Rudel, de Vertaizon, avocat à Clermont.

Joseph Artaud-Blanval, négociant à Clermont.

Benoît Monestier, chanoine et curé de Saint-Pierre, de Clermont.

Thomas Payne, philosophe anglais et homme de lettres.

SUPPLÉANTS

Jean Robin de Laloue, de Montbrison, officier retraité à Clermont ; il remplaça Payne qui opta pour le Pas-de-Calais.

Gilbert-Amable Jourde, commissaire national près le tribunal criminel de Riom, remplaça Couthon.

Bonet Noël Pacros, de Marsac.

Les vingt Conventionnels d'Auvergne se trouvèrent à Paris, le 20 septembre 1792, jour où la Convention tint sa première séance aux Tuileries, pendant que l'Assemblée Législative tenait sa dernière séance au Manège. La Convention, pendant trois ans, du 20 septembre 1792 au 26 octobre 1795, asservit la France sous le joug d'une tyrannie odieuse, intolérable et sanglante.

Bientôt dans son sein se formèrent, au point de vue politique, deux grands partis : le parti des modérés ou Girondins ainsi appelé parce que les députés de la Gironde en étaient les chefs ; le parti des révolutionnaires outrés, appelé le parti des Montagnards ou Jacobins, composé des hommes de la Terreur.

Couthon, Maignet, Monestier, Romme, Soubrany, Milhaud, Lacoste, Carrier se jettent dans le parti des Montagnards ; les autres, relativement modérés, passent tantôt à gauche, tantôt à droite, servant les deux partis, selon leurs intérêts, leurs mesquines idées et leurs passions du moment.

Le 21 septembre, le lendemain de leur première réunion, les députés de la Convention ont hâte de porter deux décrets, l'un qui abolit la royauté et l'autre qui proclame la République ; c'était couper la France en deux, la fin de la monarchie et le commencement de la République.

Naturellement les révolutionnaires, les clubs, les francs-maçons, les diverses administrations

applaudirent à cette proclamation. La municipalité de Clermont se hâta de promulguer les
décrets de la Convention. On lit en effet dans le
registre de ses séances :

« Séance du 24 septembre 1792. Il a été fait
lecture d'un décret de la Convention relatif à
l'abolition de la royauté... L'Assemblée a
arrêté que les diverses pièces seront proclamées,
ce soir, par le Conseil général de la commune
dans divers endroits de cette cité. Et pour que
la cérémonie soit aussi imposante que l'exige
l'objet, cent hommes de la garde nationale seront requis d'accompagner le Conseil général
de la commune pendant toute la durée de sa
marche; il sera tiré deux coups de canon à chaque lecture. Les citoyens seront invités à illu-
miner à 8 heures du soir... »

Le lendemain, 25, le même Conseil de la
commune de Clermont envoya aux députés
Couthon et Monestier une lettre d'approbation
où on lit : « Messieurs, vos décrets ont été
accueillis ici avec transport. Nous en fîmes sur
le champ la proclamation au bruit du canon et
à la satisfaction des citoyens. Il y a eu illumina-
tion. Il ne faudrait plus, pour rendre la fête
complète, que l'annonce d'une victoire sur les
Prussiens... »

De leur côté, les administrateurs du Cantal, en témoignage de leur satisfaction, envoyèrent deux adresses, l'une à la Convention, l'autre aux habitants du Cantal. Les voici dans leur entier.

ADRESSE A LA CONVENTION :

« Aurillac le 26 septembre 1792, l'an premier de la République Française,

REPRÉSENTANTS DU PEUPLE FRANÇAIS,

Les nouveaux administrateurs du département du Cantal suspendent un instant vos travaux, pour vous adresser le témoignage de leur félicitation.

Le plus grand des bienfaits pour un peuple qui fut longtemps opprimé par ses rois, l'abolition de la royauté, vient de signaler votre entrée dans la carrière législative. Le peuple, en apprenant cette heureuse nouvelle, a fait éclater son allégresse. Le peuple, si vrai dans sa joie comme dans sa douleur, en voyant la royauté proscrite, a vu finir le dernier de ses fléaux.

Législateurs, tandis que l'élite de nos guerriers cimente de son sang la révolution qui vient de s'opérer, affermissez-la par vos sages lois, préservez-la du fléau des divisions intestines qui peuvent seules en arrêter la marche.

De grandes espérances reposent sur vous : armés de toute la force de l'opinion publique, vous avez en main toutes les ressources de la Nation, tous les moyens de la sauver. Non, nos espérances ne seront pas trompées, votre courage et vos lumières sont en contre-poids avec les erreurs des siècles passés et les efforts réunis des tyrans.

Les administrateurs composant le conseil permanent du département du Cantal.

Signés, Destanne, vice-président.

Bertrand, secrétaire-général. »(1)

Adresse aux habitants du Cantal. :

« Citoyens,

La Convention Nationale, en brisant le sceptre de la royauté, vient de mettre fin au dernier de nos fléaux et d'assurer pour toujours votre indépendance et vos droits. Si dans cet acte éclatant de justice, la Nation a déployé toute sa sévérité, c'est qu'elle a dû mesurer les moyens de sauver la patrie sur la grandeur de ses dangers ; c'est qu'elle n'a vu un terme à ses maux, que dans la cessation de la royauté. Citoyens, si vous pouviez donner des regrets à cet idole trop longtemps adorée, jetez un coup d'œil sur l'his-

(1) Procès-verbal de l'assemblée de 1792 p. 202.

toire de votre pays, où dans la longue série des rois qui ont gouverné la France, l'histoire des malheurs du peuple n'est que le récit des longs crimes de ses rois.

Songez que depuis quatre ans, la révolution ne présente qu'une lutte déchirante entre le peuple et le prince, où le nom de celui-ci a constamment servi de prétexte ou de cause à toutes les conspirations, et que, dans ces derniers jours surtout, l'empire des circonstances avait forcément amené cette alternative : qu'il fallait enfin que la Nation se vit anéantie par la Monarchie, ou que la Nation anéantit la Monarchie,

Cette institution patriarcale dans son origine, qui n'aurait dû montrer que l'autorité tutélaire d'un père, avait tellement dégénéré de sa pure destination, qu'elle n'était devenue pour vous qu'une source de malheurs et d'oppressions.

D'elle sont nés les impôts arbitraires, la féodalité, les dîmes, la corvée, la gabelle et toutes ces dénominations de droits absurdes et oppressifs que le fisc avait inventés pour grossir les trésors du Prince : une foule de tyrans subalternes, gouvernant sous son nom une Nation de 25 millions d'âmes, dévoraient avec lui le fruit de vos travaux ; cette terre, que vous fécondiez par vos sueurs, semblait surtout depuis quelques années, être devenue le patrimoine d'un seul.

Citoyens, le souvenir de tant de maux ne peut s'être effacé de votre esprit ; l'époque où ils ont cessé n'a pas encore une date de quatre ans. Reposez-vous maintenant dans cette consolante idée : où finit la royauté, là commence le règne de l'égalité ; mais en attendant que ce règne heureux arrive avec la plénitude des biens qu'il nous promet, vous avez des dangers à courir, des obstacles à surmonter, des privations à vous imposer.

Dans ces circonstances difficiles où l'excès du zèle, aussi bien que la pusillanimité, peut nuire à la chose publique, vos nouveaux administrateurs, fidèles à leur serment, justifieront votre confiance ou ils mourront à leur poste ; ils se montreront dignes de vous, en vous traçant la règle de conduite que vous devez suivre dans cette crise imprévue.

Également éloignés de tout esprit d'exaltation et de découragement, craignez de vous livrer à cet excès d'enthousiasme qui suit d'ordinaire les grands événements : la joie turbulante n'est pas celle qui convient à un peuple placé dans les circonstances où vous êtes. Songez que le sang de vos frères coule sur nos frontières pour cimenter une révolution que vous devez soutenir au-dedans par toute l'énergie du courage et la réunion de toutes vos ressources.

Que les propriétés, que les personnes, même de vos ennemis connus, soient respectées, c'est un dépôt sacré que la patrie met en vos mains, et dont la garde est commise à votre loyauté. La différence d'opinion ne doit pas non plus être un titre à la persécution : la pensée est indépendante de toute puissance humaine ; elle ne connaît d'autre arbitre que Dieu seul ; mais attendez du temps et des avantages du gouvernement que nos représentants vont nous donner, la réunion de tous les esprits à une façon de penser uniforme.

Craignez également de vous livrer aux défiances et aux craintes que l'on pourrait vous inspirer ; ceux qui jusqu'ici se sont trouvés en arrière des derniers événements, et qui mesuraient les progrès de l'esprit public sur leur lenteur à se décider, croient à peine à la révolution qui vient de s'opérer ; pendant que le génie de la République plane sur toute la France, partisans plaintifs de l'autorité royale, ils tournent encore leurs regards sur l'idole qu'on vient de briser. Dans leurs inquiètes prévoyances de l'avenir, ils ne manqueront pas de vous présager des calamités certaines ; leurs craintes ne doivent ni vous étonner, ni vous décourager.

Depuis le moment où la suspension de Louis XVI fut prononcée, jusqu'à celui où la royauté fut éteinte, la Nation a fait l'essai d'un gouvernement sans royauté ; celle-ci n'a paru être une lacune dans l'Etat que pour ceux qui en partageaient les trésors, et nous savons tous maintenant qu'un Etat peut subsister sans elle.

La Nation, à qui seule appartient le droit de changer la forme de son gouvernement, prononcera bientôt sur celui qu'elle doit se donner. En attendant cette époque importante, citoyens de ce département, rendez-vous dignes de ce changement qui doit en amener un dans vos mœurs. Quelle que soit la Constitution que vos représentans vous préparent ; quel que soit le nom qu'on lui donnera, en vain ferait-elle l'admiration de l'Europe, si vos mœurs ne s'allient à elle, si elles ne s'épurent pas pour la recevoir, elle ne sera que l'ouvrage d'un jour. Nos loix les plus sages et les plus belles, perdues pour nous sans retour, ne le seraient peut-être pas pour les autres peuples à qui nos fautes serviraient de leçons ; mais après une guerre sanglante, et des efforts inouïs pour assurer notre indépendance, il ne nous resterait que l'opprobre éternel d'être arrivés au despotisme ou à l'anarchie par le sang.

Citoyens, toutes défiances, toutes divisions doivent cesser maintenant. Vos représentants, investis de la toute puissance nationale, ne laissent plus aux malveillans aucun sujet pour les accuser d'usurpation, aucun prétexte pour vous désunir. Soyez fermes, courageux, tranquilles dans l'attente des événements qui vont se succéder.

Un conseil exécutif provisoire, composé de ministres irréprochables, est à la tête du gouvernement ; des généraux patriotes et habiles commandent nos innombrables et courageuses légions ; les tribunaux, les administrations sont renouvellés ; aucun soupçon d'intérêts étrangers aux vôtres ne peut plus appeler vos défiances sur ceux qui gèrent maintenant la chose publique. Si le sort des combats pouvait trahir la cause de la justice, elle eût succombé lorsque les trahisons des pouvoirs constitués se combinaient avec les efforts de nos ennemis de dehors. Aujourd'hui tout est changé, l'œil vigilant de la liberté n'a laissé en place aucun homme suspect.

Encore un mot, citoyens, union, courage et confiance ! c'est à ce prix qu'est attaché le salut de la patrie ; voyez si vous voulez la sauver ou la perdre. »

Arrêté que la présente adresse sera imprimée au nombre de mille exemplaires, dont 400 en placards et 600 in-4° et envoyée à la Convention Nationale, aux Ministres, aux 82 autres départements, aux quatre districts, aux municipalités et aux Sociétés populaires du département, et affichée dans toutes les municipalités de son ressort. Fait en séance publique du samedi 29 septembre 1792, l'an premier de la République Française, présents les citoyens Destanne, doyen d'âge, Devillas, Vaurs, Vaissier, Bernard, Grandet, Ganilh, Boysset, Milhaud, Rames, Fau, Laden, Salsac, Vidal, Pommier, Pons, administrateurs, Coffinhal, procureur-général-syndic, et Bertrand, secrétaire-général (1).

(1) Procès-verbal de l'Assemblée de 1792, p. 208.

CHAPITRE II

MOUVEMENT ROYALISTE DANS LA LOZÈRE ET DANS LE CANTAL. — EXPLOITS DES VOLONTAIRES DANS LE CANTON DE CHAUDESAIGUES. — LE MAIRE SAURET.

A la nouvelle de la proclamation de la République, les populations rurales, loin de participer à l'enthousiasme des administrations, furent au contraire saisies d'effroi et d'indignation ; elles étaient déjà extrêmement surexcitées par la chasse que l'on faisait à leurs prêtres. Dans plusieurs paroisses, entre autres à Trémouille-Marchal, les paysans refusaient de payer la taille, disant que puisque *il n'y avait plus de roi, il n'y avait plus d'impôt.* (1)

Dans la royaliste Lozère, les populations irritées ne pouvaient plus se contenir. Déjà un gentilhomme du pays, du Saillant, avait essayé d'organiser la résistance. Mende s'était soulevé au nom du roi et avait forcé les administrateurs

(1) Procès-verbal de 1792, p. 285.

à se retirer à Marvejols. Aux mois de septembre
et d'octobre 1792, les paroisses de Nasbinals et
de Recoules étaient dans un état d'effervescence
tel que les administrateurs, réunis au Conseil
permanent, à Marvejols, demandèrent au Cantal
un prompt secours pour réprimer l'insurrection
qui menaçait de s'étendre dans les communes
du canton de Chaudesaigues.

« Le Conseil permanent du département du
Cantal, considérant que les loix du bon voisinage,
le patriotisme connu des administrateurs du
département de la Lozère, et l'intérêt public
imposent à l'administration du Cantal le devoir
de seconder de tous ses efforts les justes mesures que vient de prendre le Conseil général du
département de la Lozère ;

Considérant que la tranquillité de ce département est menacée par l'insurrection criminelle
qui vient de se manifester dans son voisinage ;
qu'il est à craindre qu'elle se communique aux
paroisses limitrophes de son enclave, et que
l'administration n'a pas un instant à perdre
pour en prévenir les effets ;

Persuadé en outre que la disposition connue
des esprits des paroisses de ce département, qui
avoisine celui de la Lozère, rend très-probable
un concert de mesures prises par les conspira-

teurs des deux departements, pour troubler leur tranquillité commune ;

Convaincu également que les prêtres insermentés ou réfractaires de ce département et de celui de la Lozère sont les moteurs secrets de tous les troubles et désordres survenus dans les deux départements, depuis la Révolution; et que la révolte du 30 septembre dernier, dans les deux communes de Nasbinal et de Recoules, ont principalement pour cause les coupables manœuvres de ces mêmes prêtres ;

Considérant enfin qu'il est instant d'empêcher dans ce département la contagion du mal, et d'assurer la vengeance des loix contre les rebelles qui ont osé braver leur autorité ;

Après avoir ouï le procureur-général-syndic, arrête;

1° Que le commandant du second bataillon des volontaires du Cantal, et celui du détachement du 22ᵉ régiment de cavalerie, en quartier dans cette ville, seront requis de faire partir demain, 12 du courant, l'un quatre cents hommes de son bataillon, et l'autre quinze hommes à cheval pour se porter à Chaudesaigues et à Saint-Urcize, selon l'ordre de marche qui leur sera donné.

2° Les deux détachements arrivés à Chaudesaigues, y resteront en station et en état de réquisition, pour se porter aux endroits que leur indiqueront les commissaires nommés par le conseil permament du département, et celui-ci nomme à cet effet les citoyens Destanne et Grandet, administrateurs.

3° Les citoyens Destanne et Grandet, ou l'un des deux seulement, selon qu'ils aviseront entr'eux, aussitôt leur arrivée sur les limites du département, se concerteront avec les commissaires nommés par le département de la Lozère, pour les mesures à prendre à l'effet de ramener à l'ordre et au respect des loix les habitants des communes révoltées et le conseil permanent leur donne tout pouvoir à cet effet.

4° Les commissaires du département de la Lozère sont expressément autorisés pour ce cas, comme pour tous autres semblables qui se présenteraient à l'avenir, à faire poursuivre et arrêter, sur le territoire du Cantal, tous les rebelles ou conspirateurs de celui de la Lozère qui s'y seraient réfugiés.

5° Les citoyens commissaires ou l'un des deux, sont spécialement chargés de faire rechercher et arrêter sur leur route, par les deux détachemens, tous prêtres insermentés ou réfractaires, et de les faire conduire à Aurillac, dans la maison de la ci-devant Abbaye du Buys, où ils resteront consignés.

6° Le conseil permanent charge également les commissaires ou l'un des deux de diriger spécialement leurs soins et leurs recherches sur le bourg de Saint-Urcize et environs, pour en faire sortir tous les prêtres insermentés, et les faire traduire dans la maison ci-dessus désignée.

7° Les commissaires, nommés par le Conseil, sont autorisés à placer des détachements en tel nombre d'hommes qu'ils croiront nécessaire dans le bourg de Saint-Urcize, et autres lieux du canton de Chaudesaigues et à prendre telles autres mesures qu'ils croiront convenables pour le maintien de l'ordre et de la tranquillité dans les frontières du département ; comme aussi de faire arrêter toutes personnes soupçonnées d'exciter du trouble, ou de conniver avec les conspirateurs de la Lozère.

8° Les commissaires que le conseil vient de nommer, lui rendront compte à leur retour des dispositions qu'ils auront prises, et de l'état dans lequel ils auront laissé les paroisses limitrophes du département.

Destanne, vice- président
Bertrand, secrétaire-général. »

En vertu de cet arrêté, les deux commissaires Destanne et Grandet partent pour Chaudesaigues avec les quatre cents volontaires et les quinze cavaliers de l'armée régulière.

C'était le 12 octobre 1792. La campagne dura jusqu'au 23 du même mois. Or, durant ces dix jours, ce ne fut pas contre les révoltés de la Lozère que les volontaires du Cantal dépensèrent leur force et leur ardeur, mais bien à marauder çà et là dans diverses communes, à piller les maisons, à outrager les personnes, à exercer des concussions sur les riches, même sur les pauvres, à vider les caves, à fracasser les meubles, à faire main basse sur tout.

Les commissaires, dont l'un, Grandet, était pourtant juge de paix à Chaudesaigues, ne conservèrent aucune autorité sur ces pillards qui n'en reconnurent qu'une seule, celle du maire de Chaudesaigues, Sauret, cet énergumène, qui, comme nous l'avons raconté, avait tenu une conduite de misérable envers son curé M. Azémar, ce patriote avide qui s'était fait adjuger, pour quelques assignats, les bâtiments et l'enclos du couvent de Notre-Dame de Chaudesaigues, ce démagogue enragé qui fera plus tard assassiner le maire de Saint-Urcize.

Eh bien, ce maire de Chaudesaigues, revêtu

de son écharpe, se met à la tête des volontaires et les mène au vol, au pillage, à la poursuite des prêtres, à la chasse des écus des riches, de ses ennemis particuliers surtout, assouvissant ainsi ses vengeances personnelles.

Il eut même l'audace de faire mettre en état d'arrestation Grandet et sa famille. Et enfin, après avoir fait dévaster plusieurs maisons de la ville, où des personnes faillirent être massacrées, Sauret conduisit ses bandes dans les paroisses voisines et de là à Saint-Urcize, où il avait un ennemi détesté dans la personne de Jean Vaissier, bourgeois des plus recommandables du pays.

A l'approche des bandits qui avaient juré sa mort, Vaissier se cacha et échappa ainsi à leurs recherches; mais sa maison fut pillée. Les volontaires enlevèrent les volets des croisées, les gonds des portes, brisèrent les boiseries, démolirent les séparations des divers appartements, burent le vin, mangèrent les provisions et enfin, ce que leur fureur épargna, ils le vendirent sur la place publique pour le prix de quelques bouteilles de vin. Plus tard les dévastations furent évaluées à cinq mille sept cent quarante livres.

Les volontaires n'eurent plus aucune retenue. « Ils volèrent, dit un rapport du temps, pillèrent, dévastèrent plusieurs maisons, cassèrent des armoires et autres meubles, emportèrent et vendirent tout ce qu'ils trouvèrent dans ces habitations jusqu'aux portes, vitres et ferrements, Ils forcèrent même certains particuliers à leur donner de l'argent, disant qu'ils avaient ordre d'abattre leurs maisons s'ils refusaient... Le tambourineur de Chaudesaigues, avec six de ses camarades, se rendit chez la citoyenne Raynaldi, de Saint-Urcize, dont il voulait couper la tête, puis au village de Corbières, où ils firent main basse sur les poules et les fromages, enfin aux villages de Repons et de la Roche-Canilhas où ils forcèrent plusieurs particuliers à leur donner de l'argent en leur demandant leurs portefeuilles. »

On mit fin à ces dévastations en rappelant les volontaires. Ils rentrèrent à Aurillac, le 23 octobre. Le même jour, Destanne, de retour, se rendit à l'assemblée des administrateurs et leur rendit compte de sa mission en même temps que des excès auxquels s'étaient livrés les expéditionnaires, ayant soin d'ajouter que le détachement de cavalerie n'avait cessé dans tout le cours de sa marche de donner l'exemple d'une rigoureuse discipline.

En outre, le 24 octobre, Destanne envoya à la

Convention un rapport sur les désordres commis dans le canton de Chaudesaigues. Nous n'avons pu retrouver ce rapport, mais Taine l'a découvert aux archives nationales et il l'analyse ainsi dans son *Histoire de la Révolution*, tome II, p. 354.

« Le 16 octobre, à Chaudesaigues, les volontaires veulent enfoncer une porte, puis tuer un de leurs camarades opposant, que le commissaire sauve en le couvrant de son corps. C'est le maire du lieu qui, revêtu de son écharpe, les conduit chez les aristocrates, en les exhortant au pillage, ils entrent de force dans diverses maisons et exigent du vin. Le lendemain, à Saint-Urcize, ils enfoncent la porte du ci-devant curé, dévastent ou pillent sa maison, et vendent ses meubles à différents particuliers de l'endroit. Même traitement infligé au sieur Vaissier, maire, et à la dame Lavalette ; leurs caves sont forcées, on porte des barriques sur la place et on boit au robinet. Ensuite les volontaires vont par bandes dans les paroisses du voisinage contraindre les habitants à leur donner des effets ou de l'argent. Le commissaire et les officiers municipaux de Saint-Urcize, qui ont essayé de s'entremettre, ont failli être tués, et n'ont été sauvés que grâce aux efforts d'un détachement de cavalerie régulière. Quant au maire jacobin de Chaudesaigues, rien de plus naturel que ses exhortations au pillage ; lors de la vente des effets des religieuses, il avait écarté tous les enchérisseurs et s'était fait adjuger les effets à vil prix. «

Le 30 octobre, un membre du Conseil permanent demande la parole et dit en pleine séance à Aurillac :

« Citoyens, vous avez appris avec douleur, et avec la plus vive sollicitude, que le détachement du second bataillon que vous avez envoyé dernièrement dans le canton de Chaudesaigues, pour y faire exécuter les lois et vos arrêtés relatifs aux ecclésiastiques insermentés, pour y maintenir l'ordre et la tranquillité qui paraissaient y être menacées, bien loin de vous seconder dans ces louables vues que vous vous étiez proposées, y a au contraire occasionné de plus grands troubles ; des brigandages de tout genre s'y sont commis, les propriétés, la sûreté des personnes y ont été violées, rien n'y a été respecté.

Vous avez vu, citoyens, l'horrible tableau de ces désordres, par le rapport que vous a fait à son arrivée un des commissaires que vous y aviez envoyés ; vous l'avez vu confirmer, cet effrayant récit, par la copie du procès-verbal du conseil d'administration dudit bataillon, du 27 de ce mois ; les volontaires coupables y sont désignés, et vous avez applaudi aux mesures de vigueur et de justice qu'a pris le conseil d'administration ; il les a fait arrêter sur le champ, et il demande qu'ils soient punis suivant la rigueur des lois.

Vous ne devez pas y avoir vu sans indignation que Sauret, maire de Chaudesaigues, est désigné dans ce procès-verbal, pour avoir été le principal auteur, et l'instigateur de ces désordres.

Je ne puis vous rappeler sans frémir, citoyens, que, revêtu de son écharpe, à la tête des volontaires qu'il avait séduits et payés, il les guidait dans les vols et les pillages, et dans tous les excès auxquels ils s'y sont livrés.

Vous savez, citoyens, que depuis le départ de ce détachement de la ville de Chaudesaigues, le désordre y est à son comble ; que ce maire a su maintenant se mettre à la tête des mécontents qui ont juré la perte du citoyen Grandet, administrateur, votre autre commissaire ; qu'ils tournent contre lui toutes les armes du fanatisme ; qu'il y est publiquement insulté et attaqué, tantôt comme apostat de la religion pour avoir signé votre arrêté, du 3 de ce mois, contre

les prêtres, tantôt pour être accusé d'avoir fait
venir dans ce pays le détachement des volotaires;
vous savez qu'on y retient sa famille en ôtage,
et que sa vie, celle de son épouse et de son en-
fant y sont dans le plus grand danger : différen-
tes affiches trouvées sur la porte de sa maison
contiennent toutes ces menaces.

Vous savez enfin que la dernière loi contre les
prêtres et vos arrêtés qui en ont été la suite,
bien loin d'avoir produit l'effet que vous deviez
en attendre, y ont au contraire réveillé tout le
fanatisme; que les patriotes ont été exclus des
assemblées de commune, lors du renouvelle-
ment de la municipalité ; et que les prêtres insermentés y ont repris un grand empire, que
les prêtres constitutionnels sont forcés de céder,
et à la veille d'abandonner leur poste.

Voilà, citoyens, qu'elle est la position de la
ville et canton de Chaudesaigues ; tarderez-vous
plus longtemps à faire rentrer ces communes
dans le devoir ? Balancerez-vous à livrer aux
rigueurs des lois les volontaires coupables qui
ont été désignés par le procès-verbal du conseil
d'administration de ce bataillon ? Ne devez-vous
pas suspendre le maire de Chaudesaigues de ses
fonctions, le dénoncer avec les volontaires déte-
nus, à l'accusateur public, et les faire punir?

Ne devez-vous pas prendre les dernières mesures pour faire mettre à exécution la loi du 26
août et vos arrêtés des 2 et 20 de ce mois, contre
les prêtres insermentés de Chaudesaigues?
enfin ne devez-vous pas vous hâter de délivrer de
l'esclavage et des plus grands dangers le citoyen
Grandet et sa famille, qu'on y retient en ôtage.

Vous êtes pénétrés, citoyens, de la vérité de
toutes ces propositions, et l'amour du bien public, de l'ordre, et de la paix nous commande
de prendre les mesures les plus promptes et les
plus vigoureuses. »

Après cette motion, le Conseil permanent
porte l'arrêté suivant :

Article 1. — Sauret, maire de Chaudesaigues,
demeure dès à présent suspendu des fonctions
de cette place.

Art. 2. — Ledit Sauret, ainsi que tous les
volontaires coupables des désordres et excès
commis dans le canton de Chaudesaigues, et
désignés dans le procès-verbal du conseil d'administration du bataillon, du 27 du présent
mois, seront, à la requête du procureur-général-
syndic, dénoncés sur le champ à l'accusateur
public, près le tribunal criminel, pour leur procès leur être fait et parfait, suivant les formes
et la rigueur de la loi.

3

Art. 3. — Copies collationnées du rapport fait par le citoyen Destanne, du procès-verbal du conseil d'administration du second bataillon, et de toutes les pièces qui sont au pouvoir de l'administration du département, relatives à ladite dénonciation, et notamment des deux affiches trouvées sur la porte du citoyen Grandet, lesquelles pièces seront cottées et paraphées par le directoire du département, seront remises sans délai avec le présent arrêté, à l'accusateur public, pour qu'il soit informé sur le tout, circonstances et dépendances.

Art. 4. — Le Directoire du District de Saint-Flour demeure commis et spécialement chargé, par le présent arrêté, de l'exécution de la loi du 26 août dernier, et des arrêtés du département, des 3 et 20 de ce mois, relatifs aux prêtres insermentés, compris aux dits arrêtés.

Art. 5. — En conséquence, il est enjoint audit Directoire d'envoyer sur le champ en ladite ville et canton de Chaudesaigues, avec un ou deux commissaires pris dans son sein, toute la gendarmerie de son District, avec un détachement de la garde nationale de Saint-Flour, et toute autre force qu'il jugera convenable dans les circonstances, pour que la dite loi et arrêtés, ayent leur entière exécution et que le citoyen Grandet,

administrateur et sa famille soient mis hors
des dangers qui les menacent.

Art. 6. — L'assemblée s'en remet à cet effet à
la surveillance, au zèle, et à la prudence du
Directoire du District de St-Flour.

Art. 7. — Le procureur-syndic dudit District
demeure chargé de notifier sans retard audit
Sauret, maire, la suspension de ses fonctions.

Art. 8. — Pour la prompte exécution du présent arrêté, copie d'icelui, et de toutes les pièces
qui y sont relatives, sera envoyée par un exprès
au Directoire du District de Saint-Flour, qui sera
tenu de donner avis par la même voie à l'administration du département, des mesures qu'il
aura prises à cet effet.

La séance a été levée.

Destanne, vice-président,
Bertrand, secrétaire-général. »

Sauret ne s'était pas seulement rendu coupable de vexations et de brigandage, il avait encore
fait emprisonner deux volontaires, Pierre Servan
et Jean Gastal ; ils portèrent plainte au Conseil
permanent qui, le 7 novembre, ordonna leur
élargissement et dénonça de nouveau Sauret à
l'accusateur public.

Sauret essaya de s'excuser et dénonça Grandet comme le vrai coupable, attendu, disait-il,

que Grandet avait propagé les principes de pillage dont lui, Sauret, et les volontaires n'avaient fait que tirer les conséquences. La tactiqne était habile ; mais les administrateurs de cette époque prétendaient soulever les vents sans provoquer la tempête, ils prêchaient la théorie du brigandage, mais ils n'en voulaient pas les effets. Il va donc de soi que le Conseil permanent ne prit pas en considération les explications de Sauret.

Ce dernier fut mis en accusation ; il prit la fuite.

Le 1ᵉʳ avril 1793, il fut condamné par contumace à 16 ans de fers et à 24 mille livres de dommages-intérêts envers Vaissier.

Nous retrouverons Sauret et Vaissier et nous raconterons leur lutte qui se termina par la mort tragique de l'un d'eux.

CHAPITRE III

PROCÈS DU ROI. — VOTES DES DÉPUTÉS DU PUY-DE-
DOME ET DU CANTAL. — CONDAMNATION A MORT DE
LOUIS XVI. — SON EXÉCUTION. — EMOTION
QU'ELLE PRODUIT EN AUVERGNE.

L'année 1792 finissait sa triste course au milieu des désordres et des terreurs causés par les
massacres de septembre et la suppression de la
royauté. L'année 1793 commençait par l'effu-
sion du sang royal.

Ce n'était pas assez d'abolir la royauté, il
fallait supprimer le roi. Dès le mois de décembre
1792, la Convention prépara l'opinion au drame
sanglant, à l'attentat formidable qu'elle médi-
tait. Enfin le procès commença. Dans les séances du 15, 16 et 19 janvier 1793, il fut achevé et
le roi condamné à mort.

Quatre questions furent posées aux députés
de la Convention.

Première question (posée le 15 janvier):

Louis Capet, ci-devant roi de France, est-il
coupable de conspiration contre la liberté et

d'attentats contre la sûreté générale ? oui ou non ?

Tous les députés du Puy-de-Dôme et du Cantal, à l'exception de Mailhe, qui était absent pour cause de maladie, répondirent : « Oui, » le roi est coupable.

Seconde question (posée le 15 janvier) :

Le jugement, qui sera rendu sur Louis, sera-t-il soumis à la ratification du peuple réuni dans ses assemblées primaires ? oui ou non ?

Votes des députés du Puy-de-Dôme (1) :

Laloue : « Oui ».

Bancal : « Comme l'histoire de toutes les républiques atteste éternellement qu'il s'y est formé des factions puissantes qui ont fini par les renverser, parce qu'elles n'étaient point appuyées de la volonté puissante du peuple ; que des volontés particulières luttent dans ce moment contre la volonté générale, et que le seul moyen d'anéantir les volontés privées et les factions est d'appeler la volonté nationale ; que les despotes de l'Europe sont tous intéressés à ce que la France ne se maintienne pas en république ; comme je vois approcher une guerre plus

(1) Nous donnons ici intégralement, d'après le *Moniteur*, le vote des députés avec les réflexions et l'exposé des motifs de leur opinion, que plusieurs crurent devoir faire en émettant leur vote.

sérieuse que celle de l'année dernière ; qu'il faudra pour la soutenir que le peuple en peu de temps se lève tout entier ; que le sentiment même du danger fortifiera encore plus l'union nationale et l'indivisibilité de la république ; que la question à décider par les assemblées primaires est très-simple, très-aisée ; que je pense que le peuple sera docile à la voix de la Convention nationale, comme il l'a déjà été du temps de l'Assemblée législative, et qu'il se bornera à prononcer soit la mort, soit le bannissement ; comme je pense qu'il s'agit moins ici d'anéantir la royauté française que d'anéantir toutes les royautés de l'Europe, qui lutteraient sans cesse contre notre république ; que la liberté et la vertu ne peuvent avoir de stabilité sans les peuples ; enfin, comme Louis Capet est un ôtage dont la conservation jusqu'à la fin de cette guerre tend à épargner le sang français ;

« Je dis : Oui ».

Girot-Pouzol : « Comme je suis convaincu que les lois ne sont jamais mieux établies que lorsque le peuple les a sanctionnées ; que le meilleur moyen d'anéantir les rois est celui d'appeler les peuples à prononcer sur leur sort, je demande le renvoi du décret sur Louis à la sanction du peuple. Je connais l'attachement du peuple à la Révolution ; je ne crains pas que ses ennemis l'égarent sur ses intérêts ; sa conduite passée me rassure sur les événements sinistres que l'on peut craindre.

« Je dis ! Oui ».

Gibergues : « Non ».

Maignet : « Non ».

Romme : « Non ».

Soubrany : « Non ».

Blanval : « Non ».

Dulaure : « Non ».

Couthon : « Je crois, en mon âme et conscience, que l'appel au peuple est un attentat à la souveraineté ; car certes, il n'appartient pas aux mandataires de transformer le pouvoir constituant en simple autorité constituée ; c'est une mesure de fédéralisme, une mesure lâche, une mesure désastreuse, qui conduirait infailliblement la république dans un abime de maux.

« Je dis : Non ».

Rudel : « Je crois que l'exercice de la souveraineté, dans cette circonstance, appartient au représentant du peuple, que son devoir est de prévenir la guerre civile ;

« Je dis : Non ».

Monestier : « Comme une grande partie de mes commettants ont fait passer à la Convention nationale plusieurs adresses par lesquelles ils vous expriment qu'ils désirent que vous jugiez sans appel au peuple ;

« Je dis : Non »

Députés du Cantal :

Thibault : « Oui ».

Méjansac : « Oui ».

Chabanon : « Oui ».

Peuvernhe : « Oui ».

Lacoste : « Non ».

Milhaud : « On aurait dû écarter de nous toute idée de soumettre à la sanction du peuple le jugement du ci-devant roi. Là souveraineté de la nature est au-dessus de la souveraineté du peuple ; les peuples n'ont pas le droit de faire grâce aux tyrans ; et quand même l'impunité de la tyrannie serait autorisée par une déclaration nationale, la nature conserverait à chaque citoyen le droit des Brutus. La voix pusillanime des tribunes ne serait pas entendue ; oser soutenir qu'une faction quelconque peut s'élever sur les débris du trône, c'est insulter à la souveraineté et à la majesté nationale, qui veut la République ou la mort ; oser recourir à la souveraineté du peuple pour le jugement d'un roi, c'est abuser de la souveraineté du peuple, je suis donc d'avis d'écarter l'appel, et je dis : Non. »

Carrier : « Citoyens, comme je ne crains pas même les intrigants ; comme s'il se présente jamais un tyran sous quelque dénomination que ce puisse être, je ne me mettrai pas dans mon lit, et je ne donnerai pas mon arme à mon camarade ;

« Je dis ; Non. »

J. Mailhe, absent.

Troisième question (posée le 16 janvier) :

Quelle peine Louis, ci-devant roi des Français, a-t-il encourue ?

Députés du Puy-de-Dôme

Couthon : « Citoyens, Louis a été déclaré par la Convention nationale coupable d'attentat contre la liberté publique et de conspiration contre la sûreté générale de l'Etat ; il est convaincu, dans ma conscience, de ces crimes. Comme un de ses juges, j'ouvre le livre de la loi ; j'y trouve écrite la peine de mort ; mon devoir est d'appliquer cette peine, je le remplis ; je vote pour la mort. »

Gibergues : « Je vote pour la mort. »

Maignet : « La mort. »

Romme : « Ce n'est que comme représentant du peuple que je prononce aujourd'hui. Le peuple ne peut juger Louis ; il en aurait le droit. La Convention nationale, au contraire, le peut et le doit ; et c'est comme membre de la Convention que je viens remplir ce devoir. Si je votais comme citoyen, l'humanité et la philosophie me feraient répugner à prononcer la mort ; mais comme représentant de la nation, je dois puiser mon suffrage dans la loi même ; elle punit les coupables sans distinction, et je ne vois dans Louis qu'un grand coupable. Je demande qu'il soit condamné à mort. Cette peine est la seule qui puisse expier ses crimes. »

Soubrany : « Je vote pour la mort. »

Bancal : « Je ne vote point la mort actuelle de Louis Capet :

« 1° Parce qu'un décret de l'Assemblée législative, rendu le même jour de la Révolution glorieuse du 10 août, l'a déclaré un otage national et que l'existence provisoire de cet otage peut épargner le sang des Français ;

2° Parce que Louis Capet a un très grand nombre de complices qu'il importe à la République de connaître ;

3° Parce que la mort d'un ci-devant roi, dans un temps de guerre, est un événement qui peut amener une révolution dont personne ne peut calculer les suites ; et lorsqu'on ne voit pas sa marche sûre, lorsqu'il y a du doute, la sagesse prescrit de rester dans l'état où l'on est, jusqu'à

ce qu'on ait acquis de plus grandes lumières;

4° Parce que l'histoire d'Angleterre donne une
grande leçon à tous les peuples qui fondent des
Républiques;

5° Parce qu'après la mort de cet homme avili,
les cours étrangères et les factions seront encore
plus actives, plus puissantes pour tenter de lui
donner un successeur;

6° Parce que les prétentions à des trônes ont
causé le plus grand nombre de guerres qui ont
affligé l'humanité et inondé la terre de sang.
L'ambition fut la même dans tous les siècles.
Elle aime mieux périr que de renoncer à ses
projets homicides;

7° Parce qu'un supplice qui ne cause qu'un
instant de souffrance me paraît moins punir un
criminel qu'une vie couverte d'opprobre, surtout
lorsque l'homme tombe du rang le plus élevé;

8° Parce que j'aime mieux, pour la vengeance
du peuple et l'instruction du monde, voir le premier roi de l'univers condamné à faire un métier
pour gagner sa vie;

9° Parce que la soif de la vengeance et du sang
n'est que dans les individus et les factions,
jamais dans une grande nation, surtout lorsqu'elle est victorieuse;

10° Parce que, dans toutes ses actions, le
législateur doit être le fidèle interprète de la
volonté générale, et je pense que la majorité des
citoyens ne voterait pas pour la mort actuelle.

Je pense que ce jugement sera celui, non des
rois qui aiment mieux un roi mort qu'un roi
avili, mais le jugement des nations et de la postérité, parce qu'il est celui de Thomas Payne, le
plus mortel ennemi des rois et de la royauté,
dont le suffrage est pour moi une postérité anti-
cipée ;

11° Parce que la peine de mort est absurde,
barbare et propre à rendre les mœurs féroces, et
est une grande cause des maux dont gémit notre
société. Cependant comme la peine de mort
n'est point encore abolie, je pourrais peut-être
me déterminer à voter cette peine après la
guerre, parce que je crois que Louis Capet a
mérité la mort et qu'alors les plus grands dangers seront passés ; mais dans le moment présent, obligé de porter un suffrage positif, mon
devoir me prescrit de préférer le bannissement
comme la mesure la plus grande, la plus efficace
contre les factions, et la plus sûre pour maintenir en France la liberté, l'égalité et la forme
d'un gouvernement républicain, parce que, quoi
qu'il arrive, je vivrai et mourrai républicain, et

comme le législateur doit résister aux passions privées qui l'entourent, braver avec fermeté, avec dignité, tous les périls, et n'obéir qu'à sa conscience et à sa raison, je vote pour que Louis Capet resté emprisonné et en ôtage, qu'après la guerre, il soit banni à perpétuité du territoire de la république. »

Rudel : « Je n'ai jamais pu concevoir la distinction qu'on prétend établir entre ceux qui appliquent la loi comme juges d'un tribunal, et ceux qui l'appliquent comme représentants du souverain. La loi veut que les conspirateurs soient punis de mort.

« Je vote pour la mort. »

Blanval : « La mort, »

Monestier : « Mon désir eût été que Louis ne fût pas coupable, mon plaisir serait de lui pardonner, mon devoir est d'être juste et d'obéir à la loi. Je vote pour la mort. »

Laloue : « Pour la mort. »

Dulaure : « Pour la mort. »

Girot-Pouzol : « Je vote pour la réclusion de Louis jusqu'à la paix, et pour le bannissement ensuite à perpétuité de toute la famille. »

Députés du Cantal

Thibault : « Je déclare que quel que soit le vœu de la majorité, je m'y soumettrai. Je vote pour la réclusion pendant la guerre, et l'expulsion à la paix.

Milhaud : « Je n'ose croire que de la vie ou de la mort d'un homme dépende le salut d'un État. Les considérations politiques disparaissent devant un peuple qui veut la liberté ou la mort. Si on nous fait la guerre, ce ne sera pas pour venger Louis, mais pour venger la royauté. Je le dis à regret, Louis ne peut expier ses forfaits que sur l'échafaud. Sans doute des législateurs philanthropes ne souillent point le code d'une nation par l'établissement de la peine de mort ; mais pour un tyran, si elle n'existait pas, il faudrait l'inventer... Je déclare que quiconque ne pense pas comme Caton n'est pas digne d'être républicain. Je condamne Louis à mort ; je demande qu'il la subisse dans les vingt-quatre heures. »

Méjansac : « Je vote pour la réclusion pendant la guerre et le bannissement à la paix. »

J.-B. Lacoste : « Le tyran vivant est le fanal de nos ennemis du dedans et du dehors ; mort, il sera l'effroi des rois ligués et de leurs satellites. Son ombre déconcertera les projets des traîtres, mettra un terme aux troubles, aux factions, donnera la paix à la République et détruira enfin les préjugés qui ont trop longtemps égaré les hommes.

Le tyran est déclaré convaincu du plus grand des crimes, de celui d'avoir voulu asservir la Nation. La loi prononce la peine de mort contre un pareil attentat, soumis à la loi, je vote pour la mort. »

J. Mailhe : absent.

Quatrième question (posée le 19 janvier) :

Sera-t-il sursis à l'exécution du jugement de Louis Capet ? Oui ou non ?

Députés du Puy-de-Dôme

Henri Bancal : « Oui ».

Girot Pouzol : « Oui ».

Couthon : « Non ».

Gibergues : « Non ».

Maignet : « Non ».

Gibert Romme : « Non ».

Soubrany : « Non ».

Rudel : « Non ».

Blanval : « Non ».

Dulaure : « Non ».

Laloue : « Non ».

Monestier : « Non ».

Députés du Cantal

Thibault : « Oui ».

Chabanon : « Oui ».

Peuvernhe : « Oui ».

Milhaud : « Non ».

Lacoste : « Non ».

Carrier : « Non ».

Méjansac : malade.

Mailhe : refus de vote.

A la majorité des voix, le roi Louis XVI fut condamné à mort. Il monta sur l'échafaud le 21 janvier 1793 et mourut en martyr.

Cet assassinat légal du roi, voté par treize députés d'Auvergne sur vingt, produisit une indignation profonde, une véritable stupeur parmi nos populations honnêtes ; mais la populace des clubs, les jacobins, les sociétés populaires applaudirent. Les administrations, sincèrement ou à contre-cœur, presque partout obéissant à la peur, cachèrent leur effarement et quelques-unes envoyèrent des adresses de félicitations à la Convention.

Les administrateurs du Puy-de-Dôme assurent la Convention de leur entier dévouement et la félicitent d'avoir évité la guerre civile en faisant tomber la tête du tyran. (1)

La société populaire de Clermont porta un arrêté par lequel elle improuvait la conduite de

(1) *Moniteur*, t. XV, p. 613.

4

Bancal qui n'avait pas voulu voter la mort du roi. Bancal ne fléchit pas devant ce blâme : « Je continuerai, dit-il, à servir-le peuple sans le flatter, persuadé que les flatteurs du peuple sont aussi pernicieux que ceux des cours. Je continuerai à dire librement mon opinion... » (1)

Le 26 janvier, Couthon écrivit à la municipalité de Clermont une lettre dans laquelle il disait : « Je désirerais, mes chers concitoyens, que vous fissiez parvenir tout de suite à la Convention une adresse d'adhésion au jugement et à l'exécution de Louis Capet... »

Sur cette invitation, la municipalité de Clermont envoya, le 3 février 1793, une adresse à la Convention « pour lui exprimer ses sentiments sur la marche vigoureuse qu'elle a tenue en prononçant la mort du tyran. » (2)

Les administrateurs du Puy-de-Dôme envoyèrent également une adresse à la Convention pour la féliciter « de la grande et utile leçon qu'elle a donnée aux tyrans de la terre. » (3)

Issoire adhéra au décret qui condamnait Louis XVI à la mort. (4)

(1) *Le Puy-de-Dôme en 1793*, p. 8.
(2) *Le Puy-de-Dôme en 1793*, p. 9.
(3) *Moniteur*, t. XV, p. 493.
(4) *Moniteur*, t. XV, p. 491.

Vic-le-Comte refusa d'envoyer une lettre d'adhésion. (1)

Thiers, consulté par le régicide Rudel qui voulait connaître son opinion, répondit : « Puisque vous l'exigez, nous vous dirons qu'il nous a paru que la majorité de vos concitoyens n'aurait pas partagé votre opinion. »

Dans le Cantal, même divergence d'opinions :

Pendant le procès du roi les citoyens de Tanavelle, district de Saint-Flour, écrivirent à à la Convention : « Nous vous réitérons la demande de punir le traître détrôné ; que faire d'ailleurs de cet être malfaisant ? Qu'il subisse la peine due à ses forfaits... » (2)

Pendant le procès également, le Conseil général du Cantal autorisa la *Société des amis de la liberté* d'Aurillac à former une ou plusieurs compagnies de cent hommes à l'effet de se rendre à Paris pour y partager, avec la garde nationale de cette ville, la garde de la Convention. (3)

(1) *Le Puy-de-Dôme en 93,* p. 9.
(2) *Moniteur,* t. XV, p. 63.
(3) *Moniteur,* t. XV, p. 113.

CHAPITRE IV

La douloureuse émotion produite en Auvergne par la mort du roi se traduisit par des émeutes, lorsque fut connue la loi militaire du 24 février 1793, par laquelle la Convention demandait la levée de trois cent mille hommes et déclarait que tous les citoyens français depuis l'âge de 18 ans jusqu'à quarante étaient en état de réquisition permanente.

Le contingent que devait fournir le Puy-de-Dôme s'élevait à sept mille deux cent quatre-vingts hommes. Le tirage devait s'opérer au mois de mars. Pour activer cette opération, la

Convention envoya dans tous les départements des commissaires, pris parmi les députés.

Au Puy-de-Dôme furent envoyés Monestier, député de ce département, et Petit-Jean, député de l'Allier, deux démagogues ardents qui, de concert avec les administrations, déployèrent un zèle vraiment infernal, mais ne purent pourtant parvenir à calmer les esprits et empêcher les soulèvements.

A Clermont, les jeunes gens se mutinent, jettent au loin la cocarde nationale et veulent s'opposer au tirage. On fait quelques arrestations et l'émeute est comprimée. Il en est de même à Montferrand et à Cébazat.

A Saint-Sauves les conscrits menacent de piller les maisons riches et ce n'est qu'avec grand peine que le recrutement s'effectue.

A Cros, ils ne veulent consentir à tirer au sort qu'autant que les curés constitutionnels prendront part au tirage.

A Saint-Pardoux, ils crient qu'ils ne partiront pas et qu'on coupera la tête au premier qui s'avisera de se soumettre. Le canton de Besse envoie un détachement de gardes nationaux pour les mettre à la raison. Mais vivement irrités par l'arrivée de cette force armée, ils se mettent à bombarder à coups de pierres la chapelle où avait lieu le tirage au sort. Les gardes nationaux sans pitié font feu sur ces pauvres jeunes gens et en tuent plusieurs.

A Latour, les commissaires envoyés par le District et les officiers municipaux sont assaillis par une grêle de pierres ; ici également plusieurs malheureux conscrits sont impitoyablement fusillés.

A Tours, on crie : « Nous sommes libres ; nous nous foutons de la loi. »

A Olmet, les gars du pays enfoncent la porte du clocher et mettent les cloches en branle.

A Aubusson, ils veulent contraindre le procureur de la commune à sonner le beffroi. On est obligé de surseoir au tirage.

Dans le District de Thiers surtout, le recrutement éprouve la plus vive résistance.

A Vollore, les jeunes gens refusent de tirer au sort et font sonner le tocsin à Aubusson, Auzerolles, Marat, le Bourgnon, Sermantizon, Saint-Gervais, etc. Ils ne sont pas les seuls à se soulever : les fermiers qui vont être privés de leurs domestiques, les pères assombris quand ils songent à leurs récoltes abandonnées, se fâchent, eux aussi, et s'écrient : « Ils veulent prendre nos garçons, qu'ils viennent les chercher ! »

Deux séminaristes, Hugues Chauvel et Gilbert

Bourgade parcourent les campagnes et appellent les paysans aux armes *pour Dieu et pour le roi.*

Il faut des armes ; on court en chercher aux Grimardies, chez M. de Provenchère, au Bourgnon, chez M. Nicolon de Guérines ; on ramasse tous les fusils des braconniers ; le mouvement se propage. On rejette la cocarde tricolore et on prend la cocarde blanche. Un paysan de Vollore s'écrie « qu'il n'y a plus de roi, qu'il ne faut pas tirer au sort, qu'on coupera la tête au premier qui mettra la main au chapeau ! »

Un autre, Goutte-Gata, crie « qu'il n'y a plus de roi, qu'il ne faut pas marcher pour de la canaille ! »

Bref, beaucoup de cris, beaucoup de bruit ! C'est une échauffourée de jeunesse. Les jeunes paysans venus des diverses paroisses se groupent, s'unissent et se dirigent vers Vollore, point de ralliement. Ils se campent sur un monticule appelé la Roche-du-Renard. Là, ils sont assiégés par trois cents gardes nationaux bien armés, accompagnés de deux pièces de can

C'était le 18 mars. La bataille ne fut pa
gue et terrible ; après quelques coups
tirés de part et d'autre, sans la moin

de sang (1), les paysans peu belliqueux, prennent la fuite et se dispersent.

Ce n'était donc pas une insurrection sérieuse et pourtant la justice fut impitoyable, brutale, féroce.

Monestier et Petit-Jean se rendent à Thiers avec le tribunal criminel du Puy-de-Dôme, la guillotine et le bourreau.

Les juges commencent leur triste besogne, le 5 mai ; ils envoient les moins coupables à la prison et en condamnent quatorze à mort comme auteurs et instigateurs de mouvements contre-révolutionnaires, et leurs biens sont confisqués au profit de la République. (2) Il est vrai, heureusement, que sur ce nombre, neuf étaient parvenus à s'échapper et avaient été condamnés par contumace, ce qui leur sauva la vie. Il ne restait donc que cinq victimes pour la guillotine. C'était encore trop.

Voici quelles étaient ces victimes :

(1) M. Boudet prétend qu'un des paysans, Aiguebonne, fut blessé à mort et mourut le lendemain dans la prison de Thiers. Marc de Vissac soutient qu'Aiguebonne ne fut pas blessé, mais arrêté, et qu'il contracta dans la prison une maladie dont il mourut quelques jours après.

(2) Le jugement est signé par Prévost, président, Basile, Bonarme et Dumont, juges.

Augustin Désormières, originaire de Cusset, domestique de M. Micolon de Guérimes, âgé de 28 ans.

Jean Goutte-Gata, métayer à Naud, commune de Vollore, 42 ans.

Gilbert Bourgade, séminariste, du lieu de la Dardie, paroisse de Vollore, 26 ans.

François Chauvel, séminariste, du village de Montmiot, paroisse de Vollore, 22 ans.

Pierre Poyet, domestique chez Hugues de Couzon, paroisse de Vollore, 22 ans.

L'exécution de ces pauvres villageois eut lieu le lendemain de leur condamnation, le 20 mai, à neuf heures du matin, à Thiers. On dressa l'échafaud au sommet de la rue des Barres, en face de l'hôtel de ville actuel et ce ne fut pas sans peine, car aucun ouvrier ne voulut prêter son concours. Un fort détachement de la garde nationale de Clermont avait été mandé ; la terreur était au comble et aussi l'indignation ; on ne comprenait pas que pour une échauffourée, un moment d'exaltation, l'autorité descendît à ce degré de barbarie.

Quand les cinq victimes parurent, ce fut une explosion de sanglots.

« Les cinq victimes, dit Marc de Vissac, moururent avec l'abnégation et la courageuse fer-

meté des paysans du Bocage. » Le sang de ces
Vendéens d'Auvergne coula sur un terrain en
pente jusqu'au bas de la rue. « Le commandant
du détachement, dit Boudet, ne pouvait retenir
ses larmes ; les officiers pleuraient aussi. »

« Ce matin-là, raconte un témoin oculaire,
tous les Thiersnais qui le purent, partirent pour
la campagne, afin de ne pas assister à cette boucherie humaine. Le soir, quand ils revinrent, le
sang tachait encore la chaussée. » (1)

Après avoir terrorisé le District de Thiers, le
tribunal criminel rentra à Riom, le 22 mai, et, le
26 du même mois, il eut encore à juger deux
malheureux ouvriers qui, à eux seuls, à peu près,
avaient fait une minuscule émeute, à l'occasion
du recrutement dans la ville d'Aigueperse.
C'étaient Jean Fournier, voiturier à Aigueperse,
et Gilbert Borot, maréchal ferrant dans la même
ville, deux anciens soldats qui, appelés de nouveau à partir pour l'armée, s'indignent, crient à
l'injustice, s'échauffent, s'exaltent et, le jour du
tirage au sort venu, pénètrent dans la salle du
recrutement, se mettent à faire du tapage, a
bousculer les uns, à menacer les autres, à crier

(1) *Les Exécutés* par Marcelin Boudet. — *Le tribunal criminel du Puy-de-Dôme* par Marc de Vissac p. 29-102. —
Le Puy-de-Dôme en 1793 pag. 22 etc. — Archives de Clermont.

qu'ils ne tireraient pas, qu'ils ne marcheraient pas:
Au foutre la loi! Vive le roi! Vive le Dauphin!
Au foutre la Nation!

Aidés de quelques jeunes gens, ils désarment
les gardes nationaux qui veulent les mettre à la
porte, ils sortent, ils rentrent, renversent l'urne,
déchirent quelques billets ; le lendemain même
scène, et pour cela ils sont condamnés à mort et
leurs biens confisqués par jugement du 27 mai.
Borot avait pris la fuite. Fournier seul monta
sur l'échafaud, le 28 mai 1793, âgé de 35 ans.

Comme à Thiers, comme à Aigueperse, des
troubles eurent lieu à Ambert, le 13 mars, jour
du tirage. Le tribunal, devenu ambulant, se
transporta dans cette ville et eut à juger quatorze prévenus, accusés d'avoir tenu des propos
tendant au rétablissement de la royauté. Mais
comme il ne fut pas suffisamment prouvé que
ce soulèvement eût le caractère d'une émeute
contre-révolutionnaire, le tribunal les déclare
acquittés de l'accusation à cet égard, mais,
attendu qu'il résulte de l'instruction qu'il y a eu,
le 13 mars, offense à la loi, outrages envers les
officiers municipaux, il renvoie les accusés par
devant le juge de paix d'Ambert.

A Cunlhhat, le soulèvement fut plus sérieux.
Les jeunes gens, soumis à la loi de recrutement,

se mutinent et font sonner le tocsin dans plusieurs paroisses pour appeler aux armes les citoyens désireux de soustraire les campagnes à l'odieux impôt du sang. De toutes parts on crie : *Plus de loi; plus de cocarde; l'ancien régime valait mieux.*

Cunlhat fut au pouvoir des révoltés pendant deux jours, le 17 et le 18 mars ; ils étaient au nombre de cinq à six cents hommes. Le défaut d'entente empêcha l'émeute de prendre de la consistance et elle fut bientôt dissipée par les gendarmes et les gardes nationaux venus de Clermont ; les plus compromis s'échappèrent dans les montagnes et un petit nombre tomba au pouvoir de la force publique.

Un seul fut condamné à mort, Guillaume Pradier, fils aîné de l'ancien fermier de Fournol, habitant à Auzelle ; n'ayant pas été arrêté, il fut condamné par contumace, comme chef et premier promoteur de l'attroupement. C'est donc par erreur que Boudet dit qu'il fut exécuté dans les vingt-quatre heures.

Le contingent exigé par la loi du 24 février ne suffisant pas, le Comité du Salut Public demanda une nouvelle levée ; le département du Puy-de-Dôme fut taxé à quatre mille hommes. Ce fut là un surcroît de vif émoi et d'exaspération.

A Chapdes-Beaufort le mécontentement éclata, le 1ᵉʳ septembre 1793, jour du nouveau tirage ; il y eut du tumulte, des menaces ; on crie : *Que ceux qui aiment tant la Constitution aillent la soutenir*. On brutalise quelque peu un conseiller municipal ; on se moque des autorités du lieu ; on leur manque même de respect. C'est tout. Le maire offensé se contenta de protester sans agir et porter plainte, attendant une circonstance plus favorable pour se venger. Elle se présenta quelques mois plus tard.

Dans la nuit du 24 au 25 janvier 1794, l'arbre de la liberté fut coupé. Le lendemain, la municipalité dénonça le fait au Directoire du District de Riom et de suite deux administrateurs de ce District avec vingt gardes nationaux arrivent, pour informer, à Chapdes-Beaufort. On fait plusieurs arrestations parmi les jeunes gens qui avaient protesté contre le tirage au sort, au 1ᵉʳ septembre, alléguant qu'eux seuls pouvaient être soupçonnés d'avoir abattu l'arbre de la liberté.

Quatre furent condamnés à mort : Morel Michel, apprenti charron ; Tache Amable, domestique ; Pierre Preschard, cultivateur ; Annet Pranal, domestique. Ces deux derniers, s'étant enfuis, avaient été condamnés par contumace.

« L'immolation des victimes de Chapdes-Beaufort, dit Marc de Vissac, est un acte de fauve. Elle constitue un des épisodes les plus sombres de la Terreur en Auvergne... Le procès des infortunés paysans de Chapdes ne fut pas long. Il n'y avait et il ne pouvait y avoir contre eux rien de précis, de personnel et de grave ; on n'en chercha pas davantage. Pas une charge, même des plus vagues et des plus lointaines, au sujet du bris de l'arbre de la liberté ; plusieurs d'entre eux étaient notoirement absents du village, dans la nuit du 24 au 25 janvier. Quels témoins invoquera-t-on contre eux ? Le maire, les officiers municipaux, tous dénonciateurs. Le tribunal criminel puise au hasard dans le tas... Il juge en bloc. » (1)

Aucune preuve ne fut apportée en faveur de la culpabilité de Morel et de Tache, les deux qui furent exécutés. Morel était alité quand l'arbre de la liberté fut coupé. Plus tard, sous la Restauration, leur innocence fut reconnue; Preschard et Pranal s'avouèrent coupables du délit. Morel et Tache furent exécutés à Riom, le 6 ventose (24 février 1794), en même temps que l'abbé Artel.

(1) *Le tribunal criminel*. p. 135 et suiv.

Beaujire Artel, né à Condat en Feniers, était vicaire d'Orcet depuis 1783 ; il refusa le serment et se cacha d'abord à Clermont, puis à Montferrand chez une vieille demoiselle nommée Lacoux dont la maison était l'asile secret des prêtres proscrits. C'est là qu'il fut découvert et arrêté. Le Tribunal criminel le condamna à mort comme prêtre réfractaire. Il alla à l'échafaud avec les deux jeunes victimes des haineux jacobins de Chapdes.

Morel et Artel acceptèrent la mort avec courage et une résignation toute chrétienne ; mais Tache, à la vue de l'échafaud, fut saisi de frayeur ; le cœur lui manqua. L'abbé Artel l'encouragea, l'exhorta pieusement, lui donna l'exemple de la fermeté et de la sérénité en face de la mort.

Le jeune Morel joignit ses encouragements à ceux du prêtre.

— « Pourquoi as-tu peur, puisque nous sommes sûrs de trouver une vie meilleure que celle que nous quittons? Pour moi, le sacrifice est fait ; c'est l'affaire d'un instant ; laisse-moi passer le premier ; je suis content de quitter ce monde de crimes et de folies. »

Morel passa le premier ; il mourut le chapelet à la main et la prière sur les lèvres. Artel mourut en saint prêtre. Quant au pauvre Tache, il était dans une prostration complète ; ses jambes vacillaient ; on fut obligé de le porter sur la planchette fatale.

Cette triple exécution produisit dans le cœur des spectateurs une impression si vive et si pieuse qu'ils s'empressèrent de se procurer des lambeaux du vêtement de ces innocentes victimes.

« Pourrait-on affirmer, dit Marc de Vissac, que les têtes sanglantes de Taches et de Morel ne soient jamais venues hanter le sommeil des juges impardonnables qui les vouèrent si légère-ment au trépas ? » (1)

(1) *Le Tribunal criminel* — Marcelin Boudet — Archives de Clermont.

CHAPITRE V

TROUBLES DANS LE CANTAL AU SUJET DU RECRUTE-
MENT. — ARRÊTÉ DU DIRECTOIRE DU DÉPARTEMENT
RELATIF AUX FOURNITURES MILITAIRES. — MOUVE-
MENTS DANS LES CANTONS DE MONTSALVY ET DE
MAURS. — CONDAMNTTION A MORT DE JEAN VAURS.

Dans le Cantal comme dans le Puy-de-Dôme,
les mêmes causes produisirent les mêmes effets.
La levée en masse de tous les hommes valides
y jeta la consternation la plus profonde. A l'époque du tirage, en mars, il y eut des explosions
de colère. Les conscrits se montraient récalcitrants ; dans beaucoup d'endroits, les protestations se changèrent en manifestations tumul-
tueuses et ce ne fut que poussés par la terreur
et les menaces de mort que les jeunes gens se
présentèrent aux bureaux d'enrôlement.

Lacoste, député du Cantal, et Faure, député
de la Haute-Loire, furent envoyés dans notre
département pour diriger et accélérer le recrutement ; ils y mirent toute leur bonne volonté
et toute leur énergie, suivis, appuyés par toutes

les administrations des Districts et les maires des communes. Et non seulement ils s'occupèrent de concert à faire enrôler les jeunes gens, mais ils mirent leurs soins les plus empressés à procurer aux nouvelles recrues des armes, des munitions et toute sortes de fournitures militaires. Voici à ce sujet un arrêté du Directoire du Cantal :

« Séance du 14 mars 1793. Le Directoire du département après avoir entendu le rapport de son comité militaire, considérant que les nouveaux dangers de la patrie exigent de la part de tous les citoyens l'emploi de tout ce qu'ils ont de forces et de moyens pour terminer dans la campagne qui se prépare le triomphe de la liberté, que la nation doit se lever toute entière pour la dernière fois, qu'aucun sacrifice, l'oubli même des intérêts les plus chers, ne doivent rien coûter à des hommes qui se sont liés par la force des serments de s'ensevelir sous les ruines de la liberté... Considérant que les arsenaux et magasins de la République sont insuffisants pour armer les bras innombrables des défenseurs de la patrie, qu'il est instant de mettre à exécution la loi du 24 février relative à l'armement, équipement, habillement des trois cent mille hommes appelés pour le recrutement de l'armée,

que des dispositions, que les corps administratifs et municipaux prendront à cet effet, dépend
le succès des armes de la République... Considérant enfin que s'il se trouvait d'assez mauvais
citoyens pour refuser de servir en personne et
délivrer les effets qu'ils peuvent avoir à leur disposition et dont l'indemnité leur est assurée, la
loi, l'intérêt public imposent aux corps administratifs le devoir de les y contraindre.

Arrête : Art. 1. — A la réception du présent
arrêté tous les Conseils généraux des communes
du département seront tenus de s'assembler
extraordinairement.

Art. II. — Il sera sur le champ ouvert un registre où seront inscrits tous ceux des citoyens
qui auront à leur disposition des effets quelcon-
ques d'armement, habillement, équipement
militaire, tels que sabres, briquets, épées, fusils
de guerre ou de calibre, pistolets d'arçon, habits,
vestes, culottes d'uniforme, guêtres, gibernes,
ceinturons. etc.

Art. III. — Dans les trois jours à dater de celui
de l'ouverture du registre, tous les citoyens
seront tenus de se présenter devant le conseil
général de la commune à l'effet d'y déclarer et
déposer ceux des effets ci-dessus mentionnés
qu'ils se trouveront avoir.

Art. IV. — Le délai des trois jours expiré, les Conseils généraux des communes seront tenus de faire des visites domiciliaires en se faisant assister de la force publique, chez tous ceux qui n'auront pas comparu ou qu'ils soupçonneront avoir fait des déclarations infidèles.

Art. V. — Les armes ou effets d'habillement, qui auront été cachés, seront confisqués et saisis sur le champ, leurs receleurs contraints par toutes les forces du droit à payer une amende de deux cents francs prononcée par l'article 5 de la loi du 24 février dernier ; ils seront en outre inscrits sur les registres de la municipalité, tenus à cet effet, avec la note de *gens suspects et surveillés en conséquence*.

Art. VI. — Les Conseils généraux des communes tiendront en dépôt à cet effet tous les effets d'armement, habillement, équipement ; ils dresseront un état général avec indication des noms des citoyens qui les auront remis, pour le montant en être remboursé à ceux qui auront déclaré vouloir être indemnisés.

Art. VII. — Aussitôt après la confection de ces états, les municipalités seront tenues de les faire passer aux directoires des districts respectifs, lesquels les feront parvenir dans les vingt-quatre heures au Directoire du département.

Art. VIII. — Le Directoire se réserve de prendre toutes les mesures ultérieures pour la distri-
bution des effets après qu'il se sera concerté avec
les agents militaires du conseil exécutif.

Art. IX. — Les municipalités et officiers des
gardes nationales sont personnellement respon-
sables de l'exécution du présent arrêté en ce qui
les concerne.

Art. X. — Le présent arrêté sera imprimé et
affiché dans toutes les communes... » (1)

Ainsi non seulement on enlevait la jeunesse,
mise en coupe réglée, mais encore on dépouil-
lait les familles de leurs habits, de leurs armes,
de leur linge. Nous avons vu ailleurs que les
volontaires, parcourant les campagnes, enle-
vaient les chariots, les voitures, les chevaux.
Nous verrons bientôt qu'on enlevait le chanvre,
le lard, les grains. Tout était en état de réquisition permanente.

Il n'est donc pas étonnant que les paysans
d'Auvergne aient essayé souvent de résister à
une pareille tyrannie.

Le tirage au sort fut une des mille occasions
qui se présentèrent pour manifester leur mécontentement.

(1) Placard imprimé.

A Ytrac, les jeunes gens veulent empêcher le tirage ; pour les pacifier le district d'Aurillac envoie un détachement de cent hommes, une brigade de gendarmerie et un canon.

A Tournemire, même tumulte ; envoi de cinquante hommes et d'une brigade de gendarmerie.

A Cassaniouze, à Calvinet, à Marcolès, on refuse de fournir le contingent d'hommes demandé par les arrêtés. Les commissaires, envoyés pour accélérer le recrutement, sont insultés.

A Celles, les officiers municipaux sont accusés d'avoir détourné des volontaires de joindre leur bataillon.

A Montsalvy, le sieur Breschet et, à Quézac, le sieur Veyrac, ancien maire, sont accusés d'un semblable délit.

A Montsalvy, les volontaires, invités à se réunir dans cette localité pour de là se rendre à Aurillac, se trouvent seulement au nombre de deux « lesquels, voyant que les autres ne se présentaient pas dirent que, les absents n'ayant pas de meilleure excuse qu'eux, ils attendaient pour se rendre que les autres se présentassent. » (1).

Un nommé Vaurs est particulièrement signalé comme ayant cherché par ses propos contre-

(1) Procès-verbal de l'assemblée départ. de 1792, p. 99.

révolutionnaires à s'opposer aux opérations du recrutement dans le canton de Montsalvy. Il fut dénoncé à l'accusateur public et celui-ci, par arrêté du 20 mars 1793, ordonna que le nommé Vaurs, domestique du citoyen Meallet de Cours, serait conduit dans la maison d'arrêt près le tribunal d'Aurillac.

Le 18 mars 1793, le Directoire du département prend l'arrêté suivant :

« Le Directoire, considérant que le canton de Montsalvy n'a cessé de donner jusqu'ici des preuves de désobéissance aux lois et qu'il y a toujours régné des troubles occasionnés par le fanatisme,

Arrête qu'il sera envoyé dans le canton de Montsalvy un détachement de cent hommes du troisième bataillon des volontaires de ce département, pour y être à la disposition des citoyens Palis et Salvage, commissaires délégués...; qu'il se rendra directement au lieu de Cassaniouze...; que les municipalités de Cassaniouze et de Marcolès seront tenues de s'assurer de toutes les personnes dénoncées et de fournir le nombre d'hommes exigé... » (1)

Dans le canton de Maurs, même résistance. Deux hommes surtout se firent remarquer par

(1) Archives départementales.

leur audace et leur courage à détourner les jeunes gens du tirage : Jean Vaurs, (1) domestique de M. de Latour-Lamothe, et Joseph Bonnet, domestique de M. de Pruines, de la Carrière, paroisse de Boisset.

Le citoyen Dèzes, préposé par l'administration du District d'Aurillac au recrutement, dénonça, le 13 septembre 1793, ces deux bons campagnards à l'accusateur public et celui-ci les fit arrêter. Ils parurent devant le tribunal criminel du Cantal, séant à Aurillac, le 22 septembre.

« Le tribunal, jugeant en conformité des lois du 19 mars et 10 mai derniers, déclare ledit Jean Vaurs atteint et convaincu d'avoir méchamment et à dessein, lors du dernier recrutement fait à Maurs pour le complément de la cavalerie et des canonniers, provoqué les jeunes gens des paroisses de Boisset et de Leynhac à la désobéissance aux lois du recrutement et d'avoir été le principal chef de la révolte contre-révolutionnaire qui se manifesta en la ville de Maurs. Pour réparation de quoi, condamne ledit Jean Vaurs à la peine de mort, ordonne en conséquence que dans les 24 heures, il soit livré à l'exécuteur, et que ses biens soient et demeurent acquis au profit de la

(1) Ce n'est pas le même que celui dont nous venons de parler.

République... Acquitte ledit Bonnet de l'accusation d'avoir été un des principaux chefs de ladite révolte et même d'y avoir pris part dans des desseins contre-révolutionnaires ; ordonne que ledit Bonnet sera ramené en la maison d'arrêt, où il était détenu sous l'accusation d'autres délits, jusqu'à la fin de l'instruction contre lui commencée... Fait et prononcé à Aurillac, le 22 septembre 1793.

Signé Hébrard, président ; Tomas-Joseph Benoid, Louis Gineste, Guillaume Laval, juges ; Palis, greffier. » (1)

Jean Vaurs fut exécuté le 24 septembre 1793, sur la place publique d'Aurillac.

(1) Archives d'Aurillac.

CHAPITRE VI

RÉGIME DE LA TERREUR. — LOIS TYRANNIQUES DE LA
CONVENTION. — ARRÊTÉS TERRIBLES DES DÉPAR-
TEMENTS ET DES DISTRICTS DU PUY-DE-DOME ET
DU CANTAL. — ÉTAT SOCIAL. — LES AUVERGNATS
EN VENDÉE.

Menacés de la prison ou de la mort sur l'échafaud, les jeunes gens se décidaient enfin à partir
pour les armées.

« Le recrutement, dit Mége, finit cependant
par s'opérer tant bien que mal dans toutes les
communes... En certains lieux, on avait d'abord
résisté à main armée. Puis, beaucoup se cachèrent au moment du départ. D'autres partaient,
mais pour revenir sur leurs pas aussitôt qu'ils
perdaient de vue les villages voisins du clocher
natal. D'autres enfin arrivaient jusqu'au corps,
mais là se faisaient donner des congés au moyen
de certificats de maladie, obtenus à prix d'argent... Malgré tous les efforts, malgré tous les
moyens de coercition employés, le contingent
demandé par la loi du 24 février ne put être

obtenu. Il en fut ainsi dans presque toute la France, même à Paris. Ce qui n'empêcha pas de proclamer partout que le recrutement des trois cent mille hommes était entièrement terminé.»(1)

Ce n'est donc pas l'enthousiasme, comme on l'a dit, mais la terreur qui poussait les hommes à la frontière. Quand on veut esquisser le portrait vrai d'une époque, connaître l'histoire à fond, il ne suffit pas de rester à la surface, de considérer les événements dans leur ensemble, en gros; il faut creuser sous ces événements, regarder ce que cachent les faits parfois brillants à l'extérieur.

Eh bien, si nous examinons l'état intime de la société d'alors, la vie réelle des populations pendant la tourmente révolutionnaire, nous trouvons un état de terreur profonde, de douleur immense, de tristesse, d'anéantissement, d'angoisse qu'on ne peut exprimer.

Il suffit, en effet, pour se faire une idée de cet état d'horreur, de lire les lois portées par la Convention et les décrets lancés par les départements et les Districts, lois et arrêtés qui tombaient sur le peuple au foyer, de toutes les familles, comme une trombe qui écrase, comme la foudre qui brûle.

(1) *Le Puy-de-Dôme en 1793,* pag. 25-26-37.

Citons quelques lois et transcrivons quelques arrêtés. Le 14 février 1793, « la Convention décrète qu'il sera accordé, à titre d'indemnité et de récompense, la somme de cent livres à quiconque découvrira et fera arrêter une personne rangée par la loi dans la classe des émigrés ou dans la classe des prêtres qui doivent être déportés. »

Le 25 du même mois, elle décrète que les municipalités sont autorisées à faire des visites domiciliaires dans les maisons. En effet dans toutes les paroisses se constituèrent des comités chargés de surveiller les aristocrates, les suspects, tout le monde, de visiter les maisons, d'y faire des perquisitions et d'en dénoncer les habitants, qui n'avaient pas la mine d'être chauds partisans de la Révolution.

Le 19 mars, décret prononçant la peine de mort contre tous ceux qui, à l'occasion du tirage au sort, auront pris part aux mouvements contre-révolutionnaires.

Le 29 mars, la Convention décrète que tous les propriétaires, locataires, concierges, régisseurs, logeurs de toutes les maisons de la République, seront tenus d'afficher à l'extérieur des habitations, les noms, prénoms, âge, profession de tous les individus résidant dans les maisons.

Ainsi nul ne pouvait échapper.

Le 3 avril 1793, la municipalité de Clermont arrête que les suspects seront mis en état d'arrestation, qu'il sera fait une liste des religieuses suspectes et qu'elles seront mises en état d'arrestation dans la maison des ci-devant Visitandines, que tous les prêtres insermentés seront mis en réclusion.

La commune de Riom prend, le 31 mars, un arrêté en vertu duquel tous pères, mères, femmes et enfants d'émigrés sont tenus de se tenir enfermés chez eux pendant la nuit, sans pouvoir en sortir sous quelque prétexte que ce puisse être, dès que neuf heures seraient sonnées.

Le District d'Ambert ordonne le désarmement, non seulement des suspects, mais de tous les individus dont le patriotisme est douteux, les fanatiques, les égoïstes et les indifférents à la chose publique.

« Dans tous les Districts, dit Mège, dans toutes les communes on exécute les décrets de la Convention et les arrêtés du département ; on procède au désarmement de toutes les personnes suspectes, on fait des visites domiciliaires, on viole le secret des lettres, on emprisonne. » (1)

Dans le Cantal, même violence, même brutalité.

(1) *Le Puy-de-Dôme en 1793*, p. 36.

Le 12 avril 1793, le conseil permanent du département du Cantal porte l'arrêté suivant :

Art. Ier. — Les pères, mères, femmes, enfants, frères et sœurs des émigrés, les hommes notoirement connus suspects, seront provisoirement mis en état d'arrestation, consignées dans leurs propres maisons.

Art. II. — Ceux qui dans la classe des parents des émigrés, leurs agents et domestiques ou des hommes suspects, auraient affiché le plus d'incivisme, seront réputés aristocrates, déportés hors du territoire de leur District et renfermés dans les maisons d'arrêt.

Art. III. — Il est défendu aux personnes désignées en l'article Ier ci-dessus, de sortir de leur maison, de recevoir aucune visite sous peine d'être saisies et envoyées de suite à la maison d'arrêt. Il ne sera permis qu'à leurs domestiques et aux officiers municipaux de communiquer avec elles.

Art. IV. — Il sera permis aux officiers municipaux de laisser communiquer les citoyens que des affaires pressantes appelleraient chez les personnes mises en état d'arrestation, à la charge par les dits officiers municipaux de nommer parmi eux un membre pour accompagner ces citoyens, lequel membre sera tenu d'être toujours présent et de ne se retirer qu'avec eux.

Art. V. — Les officiers municipaux feront exécuter les dispositions du présent arrêté sous peine d'être traités comme suspects, mis hors la loi et envoyés au tribunal révolutionnaire.

Art. VI. — Les municipalités feront une liste dans laquelle se trouvera le nom de tous les parents des émigrés, de leurs agents d'affaires et domestiques, des ci-devant nobles ou privilégiés, des gens ayant possédé des charges lucratives de judicature et finance et de tous les gens suspects. Cette liste sera accompagnée de notes sur chacun d'eux... Les hommes qui y seront inscrits et mal notés seront regardés comme gens suspects et mis sous la surveillance des autorités.

Art. VII. — Les municipaux sont chargés de faire la désignation des hommes suspects sous peine d'être mis eux-mêmes au rang des suspects.

Art. VIII. — Les gens portés sur la liste ci-dessus seront mis en état d'arrestation toutes les fois qu'ils seront trouvés réunis au nombre de trois, soit dans l'intérieur de leurs maisons, soit dans les lieux ou promenades publiques.

Art. IX. — Les sociétés populaires, tous les citoyens amis de la liberté et de l'égalité sont invités de dénoncer aux autorités tous les malveillants et gens suspects.

Art. X. — L'administration du département instruite qu'il existe dans plusieurs municipalités des prêtres insermentés, qui ont été dérobés par les habitants aux diverses recherches qui ont été faites par la force armée, leur rappelle les dispositions de la loi du 26 février 1793 qui condamne à six ans de fers ceux qui n'auraient point obéi à celle de la déportation ; déclare en outre que, si ces prêtres se montrent en public, ils ne peuvent le faire à l'insu des officiers municipaux et, dans ce cas, ces derniers seront dénoncés, comme les ayant eux-mêmes recelés, pour que ladite peine de six ans de fers leur soit appliquée. »

Si on lit attentivement ces divers arrêtés on voit tout de suite que la moitié de la population est entassée dans les cachots, ou claquemurée dans les maisons, ou surveillée, gardée à vue par les agents de la police et les comités de surveillance.

Quant aux citoyens qui n'étaient ni emprisonnés, ni enfermés dans leurs propres maisons, le Jacobinisme trouvait encore moyen de les tourmenter. Il étaient à la merci de tous les vauriens du pays.

« Le gouvernement de 1793, dit le président
Boudet, confia généralement les fonctions de
maire et d'agent national dans les communes
rurales à des gens déconsidérés ; les passions
mauvaises, celles qui sont mauvaises sous tous
les régimes furent volontairement déchaînées ;
jamais les envieux, les méchants n'eurent si
beau jeu ; mille braves gens craintifs, qui ne
demandaient qu'à cultiver leurs champs en paix,
étaient souvent aux mains de deux ou trois
petits hommes de proie que le mépris public
eut, en d'autres temps, réduits à l'impuissance,
mais qui se trouvaient soutenus par les sociétés
populaires et les comités de surveillance. S'il
y avait un homme haineux ou un coquin dans la
commune, c'était celui-là qui régnait, car le système de délations officiellement encouragé le
rendait redoutable. Aussi serait-il bien long le
récit des actes d'arbitraire, des vengeances dont
les habitants des campagnes ont été les victimes
obscures. » (1)

L'histoire le constate, le torrent révolutionnaire prosternait les esprits, les âmes et les
corps dans un abîme d'angoisses, de douleur,
dans un muet désespoir. Dans un tel état social,

(1) *Les Exécutés,* p. 78.

G

est-il donc étonnant de voir se produire des ré-
voltes, des émeutes, des cratères s'ouvrir sur le
sol de la France devenu un volcan en ébullition !

Au mois de mars 1793, la Vendée se soulève ;
au mois de mai, la Lozère se révolte.

A la voix du paysan Cathelineau, la Vendée,
tyrannisée par la Convention, prend les armes et
bientôt l'armée catholique et royale peut tenir
en échec les armées de la République.

La Convention furieuse appelle les départements à son secours et les départements préparent leurs bataillons.

Le 14 mai 1793, le conseil permanent du Cantal envoie à toutes les communes l'adresse suivante :

« Citoyens, le sang de nos frères coule dans
les départements de la Loire-Inférieure, de la
Vendée et des Deux-Sèvres. Une horde de brigands, vomis sur nos côtes par les îles de Jersey
et de Guernesey, grossie de tous les malveillants
aristocrates et fanatiques de ces contrées, porte
partout la dévastation et la mort ! Républicains !
vous endormirez-vous dans une fatale sécurité ?
Laisserez-vous grossir ce torrent destructeur...?
Quand l'ennemi est à vos portes, quand la maison de votre voisin est en proie aux flammes,
refuseriez-vous de lui porter des secours ?

Vous, pères de famille, que votre âge, vos enfants, les soins de votre fortune, peut-être même
votre santé, ont retenu dans vos foyers ; vous,
riches, froids égoïstes qui avez le plus à perdre,
vous qui n'avez jamais su calculer que vos intérêts et non ceux de l'humanité, vous qui n'avez
cessé de souffler sur vos concitoyens le poison
de la léthargie ; jeunes citoyens que la faiblesse
de votre âge, que de tendres affections ont en-
chaînés jusqu'ici, peut-être même que la noblesse
de votre éducation n'a pas rendus propres à supporter les fatigues d'une longue campagne ;

La patrie vous appelle, nos concitoyens impitoyablement massacrés demandent vengeance !
Déjà plusieurs départements ont signalé leur
généreux patriotisme. Celui de l'Aude est parti
en masse ; la Lozère a armé deux bataillons ; la
Corrèze fait partir ses gardes nationales ; ceux
de l'Hérault et de la Vienne ont fourni aussi des
secours très considérables. Le département du
Cantal, non moins intéressé, non moins patriote,
ferait-il moins pour la cause de la liberté et de
l'humanité ?

Citoyens, il n'est plus temps de calculer avec
vos forces ni avec vos intérêts ; l'ennemi est là ;
votre inertie ranimerait sa sanguinaire audace.
C'est notre pays, c'est la République entière que

vous devez sauver de leur férocité meurtrière.
Nous ne vous présenterons pas le hideux tableau
des cruautés qu'exercent ces cannibales altérés
de sang. Républicains, l'heure du combat sonne,
le tonnerre de la liberté gronde ; marchons, vo-
lons vers un ennemi que bientôt nous ne pour-
rions plus arrêter dans sa marche. Posons une
digue au torrent... Quel est celui de nos concitoyens qui pourrait être insensible aux maux
qui désolent l'humanité et aux dangers qui menacent son pays? Et s'il en était un dont la mol-
lesse ou la crainte arrêtassent les pas, ceux qui
reviendraient un jour, n'auraient-ils pas le droit
de lui dire : « Lâche, tu fus sourd aux cris ds
l'humanité, la patrie réclamait tes secours et tu
refusas de la servir! va cacher ta honte dans
une retraite ignorée ; que le remords et l'opprobre y tourmentent tes jours. »

Mais que dis-je ! je vois se former et se grossir
une liste de soldats vengeurs ; je vois de nom-
breux citoyens prêts à se former en légions. Encore quelques jours et, de tous les points de la
France, les braves républicains voleront à la défense de leurs frères et bientôt les monstres qui
ravagent les départements maritimes de l'Ouest
ne seront plus ! Bientôt, heureux et vainqueurs,
nous reviendrons dans nos foyers en y chantant

des hymnes à la victoire ; nous y reviendrons jouir de la paix que nous aurons su établir, de la liberté et de l'égalité que nous aurons su conquérir et conserver.

Destanne vice-président.

Palis secrétaire-général. » (1)

Plusieurs compagnies s'organisèrent à Aurillac et prirent le chemin de la Vendée. Le Puy-de-Dôme aussi envoya des volontaires, et ces bataillons auvergnats, arrivés en Vendée, furent mis sous les ordres des armées républicaines et contribuèrent involontairement à écraser les Vendéens.

(1) Archives du département.

CHAPITRE VII.

LES AUVERGNATS DANS LA LOZÈRE. — CHARRIER. —
ATROCITÉS RÉVOLUTIONNAIRES. — ASSASSINATS JU-
DICIAIRES DE CHARRIER, CHEF DE L'ARMÉE CHRÉ-
TIENNE, DES ABBÉS PROUGET, VANEL, TRIOULLIER
ET VERDIER, DU TAILLEUR FABRE ET DU PAYSAN
RODIER.

Au moment où l'Auvergne envoyait des bataillons en Vendée, les administrateurs du Puy-
de-Dôme et du Cantal apprenaient le soulèvement de la Lozère.

A la voix de Charrier, avocat à Mende, ancien
député aux Etats-Généraux, quinze cents paysans d'abord, puis cinq mille, bientôt dix mille,
se lèvent comme un seul homme et prennent les
armes pour la défense de leur religion persécu-
tée et de leurs prêtres pourchassés jusque dans
les campagnes les plus reculées. Le 25 mai 1793,
ils s'emparent de Marvejols, chef-lieu de District, et le 27, de Mende, chef-lieu du département.

Les administrateurs voyant venir *l'armée*

chrétienne du Midi, comme on appelait l'armée de Charrier, s'étaient, la veille, enfuis, épouvantés, dans les Cévennes, à Florac, autre chef-lieu de District de la Lozère.

Avant de partir, le jour même de la prise de Marvejols, ils avaient écrit au District de Saint-Flour la lettre suivante :

« Mende, le 25 mai 1793. Citoyens, nous venons, le cœur navré, vous apprendre que le nommé Charrier, décrété d'accusation, à la tête de quinze cents brigands, s'est emparé de la ville de Marvejols, aujourd'hui, à six heures du soir. Il se porte en cet instant sur nous. Peut-être au moment que vous recevrez la présente, n'existerons-nous plus ! Fidèles à notre poste, nous invoquons votre secours et attendons tout du zèle des patriotes de votre District; fidèles à vos serments, vous ne nous refuserez pas toutes les forces qui sont à votre disposition et vous serez bien capables de sauver ce département des horreurs de la guerre civile où nous allons être livrés. Faites partir, la lettre vue, vos canons et gardes nationales. Signé. Les administrateurs. »

Des lettres semblables sont écrites aux administrations du Puy-de-Dôme, du Cantal et de tous les départements limitrophes de la Lozère. On se met partout en mouvement.

Le Puy-de-Dôme envoie plus de mille hommes pris dans les gardes nationales de Clermont, de Riom, de Thiers, de Billom et d'Issoire ; ils s'avancent par Saint-Flour ; mais ils ne vont pas plus loin, cette ville jugeant à propos de les retenir pour sa propre défense, car elle était menacée.

Le Cantal envoie douze cents hommes, suivis d'une armée de quarante vaches, fournies, vingt par Desprat, négociant à Thiézac, et vingt par Amadieu, marchand à Landeyrat. Les départements voisins, la Haute-Loire, l'Ardèche, le Gard et l'Aveyron, inondent la Lozère de leurs gendarmes et de leurs gardes nationaux.

Les troupes du Cantal et de la Haute-Loire s'avancent par Saint-Chély, celles de l'Ardèche par Langogne, les bataillons du Gard par Florac, les Aveyronnais par Chanac. Cernés de toutes parts, les paysans de la Lozère sont écrasés, mitraillés sans merci, poursuivis jusque dans les solitudes des rives du Tarn et des forêts d'Aubrac. Mende, Marvejols et Chanac sont repris par les bandes républicaines. Huit jours ont suffi pour disperser l'armée chrétienne, mais huit jours d'atrocités et de brigandages. Les campagnes sont ravagées, les villages incendiés, les bestiaux abattus, les femmes, les enfants maltraités, outragés. Que pouvait-on attendre de ces vingt mille patriotes sans discipline, sans frein, sans honnêteté et pillards par vocation ?

Le 3 juin, Ferluc, un des commissaires envoyé dans la Lozère, écrivait de Marvejols aux administrateurs du Cantal :

« Citoyens et collègues. Vous avez été instruits de notre entrée dans Mende.... A notre approche Charrier a évacué Chanac. Nous avons fait rassembler tout le peuple pour nous faire livrer les coupables et, après menace d'emmener tout le monde, la crainte a porté les habitants à nous en désigner dix-sept, que nous avons conduits en prison où nous allons les juger militairement.... ensuite le feu a été mis au château de Chanac, appartenant au ci-devant évêque Castellane... Nous allons diviser les troupes et donner la chasse aux rebelles. Il va se faire de terribles expéditions et je crains que les trois quarts ne soient sacrifiés... L'armée du Gard a tué environ soixante rebelles et conduit à Mende un prêtre qui eut la tête ouverte d'un coup de sabre. Il demandait à être guillotiné comme *son roi*. Un valet de chambre du ci-devant évêque a subi le même sort, hier matin... »

Le même jour, les corps constitués de Saint-Flour écrivirent à la Convention :

« Citoyen président, dites à la Convention que l'armée de l'infâme Charrier, forte de dix mille hommes, a été dissipée comme le brouillard du matin et que, sans les précipices, les bois et les cavernes qui couvrent la Lozère, il n'existerait plus un seul de ces brigands. Les bataillons du Cantal et de la Haute-Loire, qui ont fait le premier noyau de l'armée patriote, ceux de l'Ardèche, de l'Aveyron et du Gard, avec une égale émulation de zèle et de bravoure, ont fait une boucherie de ces scélérats. » (1)

Le 4 juin, les administrateurs du Cantal recevaient de Mende une lettre où nous lisons :

« Que de sang va couler ! et l'on sent la nécessité de le faire couler pour assurer la paix des départements circonvoisins. Il faudra peut-être livrer aux flammes la moitié de ce pays ! Deux commissaires de la Convention (Châteauneuf-Randon et Mailhe, du Cantal) viennent d'arriver à Florac ; l'armée marche vers les gorges du Tarn pour couper tout chemin aux rebelles. Jamais la

(1) *Moniteur* t. XVI p. 580.

France ne m'a paru si grande, si féconde en ressources que depuis huit jours. »

Le 7 juin, les officiers municipaux d'Aurillac écrivaient à Carrier, Milhaud, Lacotes, nos députés à la Convention, les paroles suivantes :

« Vous apprendrez avec plaisir que les contre-révolutionnaires de la Lozère ont été dispersés, que plus de mille ont été tués, que le coquin de Charrier a été pris avec Laporte, son adjudant, qu'ils ont été conduits à Rodez pour y subir le sort qui les attend... » (1)

Charrier fut en effet arrêté à la Grange-Grande, paroisse de Nasbinals, dans la nuit du 4 au 5 juin, conduit à Rodez où après cinq ou six semaines de cachot, il fut condamné à mort et exécuté. Ainsi se termina ce soulèvement spontané de la Lozère.

« La Lozère, disait plus tard Châteauneuf lui-même, a été le théâtre d'une guerre faite par des brigands accourus de l'Aveyron, de l'Ardèche, de la Haute-Loire et du Cantal. »

On laissa dans ce malheureux département quelques milliers d'hommes pour le tenir sous le joug et on renvoya les autres dans leurs départements respectifs.

(2) Grand placard imprimé, *Recueil Tournemire.* — *Moniteur* t. XVI-XVII *passim.*

Les gardes nationaux du Cantal, de retour, furent dirigés sur Maurs, sur les limites du Lot, où se manifestaient des mouvements contre-révolutionnaires.

Le départ des troupes républicaines ne laissa pas la Lozère tranquille. Elle supportait impatiemment le joug tyrannique qui l'opprimait et voyait avec horreur et une indicible indignation l'assassinat prétendu légal de ses malheureux paysans. Nous n'avons pas à raconter ici la mort des nombreuses victimes qui tombèrent sous le couperet de la guillotine ou sous les balles meurtrières des patriotes, nous parlerons seulement de celles qui appartenaient par leur naissance à l'Auvergne ou qui y furent immolées et dont voici les noms :

Les abbés Prouget, Vanel, Trioullier, Verdier, le tailleur Fabre et le paysan Rodier.

L'abbé Etienne Prouget (et non Pouget) ex-curé de Florac, impliqué dans la prise d'armes de Charrier, fut recherché, poursuivi, enfin arrêté dans les environs de Saint-Flour où il s'était caché, après la défaite des Lozériens insurgés. Il fut livré à un jury militaire qui sans scrupule le condamna à mort comme prêtre réfractaire et coupable d'insurrection contre la République.

Voici ce que nous lisons, à son sujet, dans les procès-verbaux de la municipalité de Saint-Flour :

« Séance du 13 juin 1793. Sur le rapport d'un membre concernant le nommé Etienne Prouget, ex-curé de Florac, arrêté aujourd'hui, l'assemblée charge l'administration du District de faire convoquer dans les vingt-quatre heures un jury militaire pour, en exécution de l'article 11 de la loi du 18 mars dernier, juger ledit Prouget... »

Ce fut donc un jury militaire, et non le tribunal criminel, qui condamna à mort cet ecclésiastique lozérien.

Il en fut de même de l'abbé Vanel, également accusé d'avoir participé au soulèvement de la Lozère.

Jean Vanel, né à Albaret-Sainte-Marie, était curé de Taillac, canton de Pinol, archiprêtré de Langeac, diocèse de Saint-Flour ; après la défaite de Charrier, il se réfugia dans le Cantal et tomba entre les mains des gendarmes qui le conduisirent dans les prisons de Saint-Flour.

Dans une brochure intitulée *Pierre Fontanier aux habitants de Saint-Flour*, nous lisons ces mots : « C'est Vaissier qui à la tête d'une brigade de gendarmerie avait arraché du fond de sa retraite le prêtre Vanel, exécuté ici, en 1793,

pour refus de serment. » Vaissier, ex-bénédictin
était un des administrateurs du département.
Voici l'arrêté que prit, au sujet de Vanel, le
District de Saint-Flour :

« Séance du 12 juin 1793, sur la proposition
d'un membre qui donne lecture du procès-verbal
d'arrestation d'un nommé Jean-Baptiste Vanel,
curé réfractaire de Taillac, département de la
Haute-Loire, arrêté le onze de ce mois par deux
gendarmes d'ordonnance, l'assemblée arrête
qu'il sera, en exécution de l'article II de la loi du
18 mars dernier, formé un jury militaire, composé de toutes les forces armées tant en infanterie, cavalerie, que gendarmes nationaux présents à Saint-Flour, pour procéder au jugement dudit Vanel et que la minute du procès-
verbal d'arrestation dudit Vanel sera adressée
audit jury par l'administration du District qui
demeure chargée de faire toute réquisition nécessaire pour sa formation »

« Jean Vanel reçut à Saint-Flour la palme du
martyre. La foi vive, dont il avait été animé
durant toute sa vie, sembla s'accroître à ses
derniers moments. « Il n'y a que deux pas,
disait-il, de la prison à l'échafaud et un seul de
l'échafaud au ciel ; je n'ai donc que trois pas à
faire pour arriver dans ma patrie. » En allant au

suplice, il récitait le *Miserere* et préparait à la mort un pauvre tailleur de l'armée de Charrier, qui le précédait à la guillotine, exerçant ainsi à la fois le plus grand acte de charité tant envers Dieu par le sacrifice de sa vie qu'à l'égard du prochain, en s'oubliant en quelque sorte soi-même pour en préparer un autre à bien mourir. Vauel eut la tête tranchée au moment où il prononçait ces mots à haute voix : « Mon Dieu, je remets mon âme entre vos mains. » (1)

Le tailleur, dont il est ici question, se nommait Fabre. Voici la notice que lui consacre Marcellin Boudet :

« Fabre Jean, tailleur à Recoules. Arrêté dans les premiers jours de juin 1793 avec treize autres paysans et les enfants de M. Vaissier, de Saint-Urcize, dans l'arrondissement de Saint-Flour, à la suite de la défaite des bandes que Charrier et le prieur de Chambonnas avaient levées sous le nom d'*Armée chrétienne du Midi*, Fabre fut condamné à mort en qualité de chef d'insurgés. Il fut établi qu'il avait pris part aux engagements de Rieutort, de Marvejols, de Chanac et qu'il avait menacé de tirer un coup de fusil sur le maire et le procureur de la commune de Recoules, qui s'opposaient à ses opérations de recrute-.

(1) *Les Martyrs du diocèse du Puy*, p. 145.

ment. Il était encore nanti d'un manteau de cavalerie, quand il avait été arrêté.

Le tribunal criminel du Cantal, qui se transporta à Saint-Flour à cette occasion, ne put pas condamner le pauvre tailleur à une autre peine, car elle était la seule édictée par les articles 4 et 6 de la loi du 19 mars 1793 et par la loi du 10 mai suivant. Il acquitta tous les autres accusés. Fabre fut exécuté à Saint-Flour, sur la place d'armes.

Ses plaintes faisaient pitié à toute la population ; il laissait une femme et des enfants obligés d'errer dans les bois de la Margeride et il lui paraissait affreux de mourir.

Réconforté dans ses derniers moments par l'abbé Vanel, qui fut exécuté en même temps que lui, il se laissa attacher en baisant avec ardeur un crucifix.

Nous avons eu souvent occasion d'entretenir un des témoins de cette scène bien faite pour pénétrer la mémoire, M. Henry, avocat à Saint-Flour, fils du constituant. Ce vieillard, étonnant par la facilité de son esprit et la fidélité de ses souvenirs, vit encore ; il a près de quatre-vingt-dix ans ; il avait vingt ans lorsqu'il vit tomber la tête de l'abbé Vanel et du tailleur. » (1)

(1) *Les Exécutés.*

Un autre prêtre avait favorisé, conseillé par ses paroles, le soulèvement des paysans lozériens, c'était Guillaume Trioullier, curé de Saint-Bauzire, sa paroisse natale, près de Brioude, dans le diocèse de Saint-Flour. Il était en outre prêtre réfractaire, ayant refusé le serment schismatique. Il échappa pendant longtemps aux recherches des gendarmeries, mais, vers la fin de l'année 1793, il fut arrêté et envoyé au tribunal révolutionnaire de Paris, qui le condamna à mort avec six autres accusés, ayant tous, dit l'accusateur public, conspiré contre la liberté.

Fouquier-Tinville, l'un des juges, ajoutait dans son réquisitoire :

« Trioullier, ex-curé, est un de ces prêtres fanatiques, qui ont usé de tous les moyens pour diviser les citoyens par le prestige de la superstition. C'était dans cette vue contre-révolutionnaire qu'il a souvent monté dans la chaire de mensonge pour y débiter les maximes les plus dangereuses. Entre autres discours fanatiques, et contre-révolutionnaires de cet ex-curé, on remarque celui qu'il faisait aux enfants, pendant quarts des gens n'en avaient plus et que l'autre quart balançait bien ; il les exhortait à conserver la religion de leurs pères, à ne point porter la cocarde tricolore. Dans d'autres circonstances on lui a entendu dire qu'il était exécrable que les habitants eussent planté un arbre de la liberté devant la croix. » (1)

On l'accusait encore d'avoir dit que les membres de la Convention étaient des coquins, de foutus gueux, qu'il fallait être citoyen du ciel en même temps que citoyen de la terre, et autres propos qu'il n'avait pas tenus.

Il porta sa tête sur l'échafaud, le 11 messidor an II (29 juin 1794), à l'âge de 54 ans. (2)

Parmi les six victimes qui furent immolées en même temps que l'abbé Trioullier se trouvait un autre Auvergnat, un humble cultivateur, né comme lui dans le district de Brioude, Pierre Rodier. Fut-il du nombre des révoltés de la Lozère ? Je l'ignore. Mais ce qui est certain, d'après le jugement du tribunal révolutionnaire de Paris, c'est qu'il fut dénoncé et arrêté pour avoir dit : « que les prêtres et les seigneurs gagneraient, s'il plaît à Dieu ». C'était assez.

Encore une victime des troubles de la Lozère :

(1) *Les Martyrs de la foi*, par Guillon.
(2) *Le Tribunal Révolutionnaire*, t. IV, p. 358.

L'abbé Verdier, originaire de Chaudesaigues (Cantal), fut un des plus ardents champions de la cause royaliste et catholique dans le canton de Chaudesaigues, dont plusieurs paroisses soulevées se joignirent à l'armée de Charrier. Il parvint à se sauver pendant quelques mois, mais arrêté enfin, il fut condamné à mort par le tribunal criminel de la Lozère et exécuté, le 24 floréal, an II (13 mai 1794).

CHAPITRE VIII.

NOUVEAUX MOUVEMENTS DANS LA LOZÈRE ET DANS L'AVEYRON. — ARRÊTÉ DU REPRÉSENTANT TAILLE-FER. — RÉCIT DES EXPLOITS DE TAILLEFER ET DE DELTHIL DANS LA LOZÈRE, L'AVEYRON ET LE CANTAL, FAIT PAR EUX-MÊMES.

La Lozère était écrasée, mais non soumise ; en octobre 1793, de nouveaux mouvements éclatent dans ce pays en même temps que dans l'Aveyron et sur les limites du Cantal.

Pour réprimer ces insurrections sans cesse renaissantes, la Convention envoie le représentant Taillefer, un franc et chaud montagnard, décidé à prendre pour arriver au triomphe les moyens les plus violents.

Le 24 octobre 1793, il porta l'arrêté suivant :

« Au nom de la République française,

Taillefer, représentant du peuple dans les départements du Lot, Cantal et environnants,

Aux Autorités constituées, Agents civils et militaires, Sans-culottes et Républicains du département de l'Aveyron, salut, égalité, liberté, et fraternité.

Nous, représentant du peuple dans les départements du Lot, Cantal et environnants, considérant qu'une foule de scélérats, de prêtres fanatiques, de royalistes, de fédéralistes, d'égoïstes, de muscadins, de modérés, d'indifférents, de mauvais citoyens de toute espèce et de toute couleur, ont cherché à séduire le peuple des campagnes, à soulever les habitants du département de l'Aveyron contre les principes sacrés de la liberté et de l'égalité, à renverser la Constitution républicaine, présentée par la Sainte Montagne de la Convention nationale, et adoptée par la presque unanimité du peuple français ;

Considérant que la nonchalance des autorités constituées, l'indifférence ou l'oppression des Sociétés populaires, les suggestions séditieuses des Girondins, le modérantisme des riches, ont contribué à relever l'audace des fanatiques et des contre-révolutionnaires ; que l'insolence de ces scélérats, portée à son comble, a mis la République en danger, compromis la sûreté et les propriétés des citoyens dévoués à la République ; qu'il est plus que temps que ces crimes cessent, que le châtiment des coupables commence, que la patrie soit vengée, qu'elle triomphe ; que la révolution s'achève, et que la terreur soit à l'ordre du jour ;

Nous avons arrêté et arrêtons ce qui suit :

Il sera créé dans la ville et district de Villefranche de l'Aveyron, un Comité de sûreté publique, chargé de coopérer, par tous les moyens
qui seront mis en son pouvoir, aux succès de
l'armée révolutionnaire qui marche en ce moment pour exterminer les contre-révolutionnaires de la Lozère et de l'Aveyron ; d'opérer la ré-
pression des malveillans, et de prélever sur les
fortunes et propriétés de ces scélérats, les justes
indemnités que la patrie a droit de réclamer
pour les frais de cette campagne et autres mesures révolutionnaires que leur rebellion aura
nécessitées.

En conséquence, les citoyens dont le nom sera
inscrit ci-après, sont autorisés à faire mettre en
réclusion tous les citoyens de la ville et district
de Villefranche, désignés comme suspects d'incivisme, royalistes ou superstitieux ; à suspendre de leurs fonctions et mettre en état d'arrestation, si le cas y échéait, tous les individus,
membres des autorités constituées civiles et
militaires ; de prélever des taxes et autres contributions nécessaires pour indemniser la République des frais que doit occasionner le mouvement des troupes destinées à exterminer les contre-révolutionnaires, leurs agens ou complices.

Ils sont également autorisés à faire des visites domiciliaires, pour se saisir des papiers, armes, argenterie et métaux monnoyés, dont les dits citoyens suspects pourraient être munis; pour les armes être mises à la disposition des agens militaires, les papiers, audit comité de sûreté publique, à l'effet d'y être soigneusement inventoriés, la vaisselle et les métaux précieux, délivrés au receveur du district, qui en donnera récépissé en bonne forme, et *ne varietur.*

Ils sont encore autorisés à s'emparer de tous plombs, fers, aciers, cuivres, trouvés dans les maisons desdits hommes suspects, pour lesdits effets de luxe et de commodité être convertis en armes destinées à l'immolation des satellites des despotes et des fauteurs de la tyrannie, qui seront en conséquences mises à la disposition des agens militaires, pour toutes ces batteries de cuisine être métamorphosées en bouches à feu.

Le Comité de sûreté publique dressera des listes des individus qui ont mérité la suspension, la destitution ou la réclusion. Il prendra provisoiremeut à leur égard, toutes les mesures de sûreté, sauf à les faire connaître aux représentans du peuple ainsi que les motifs déterminants.

Le même Comité procédera à la désignation des individus fauteurs du royalisme, de la superstition, du fédéralisme, des accapareurs, des monopoleurs, des égoïstes, des indifférents pour la révolution, avec une évaluation de leurs fortunes et facultés pécuniaires, en marge de laquelle sera cottée une taxation de la somme qu'ils doivent fournir pour les frais de l'armée révolutionnaire, laquelle taxe sera, après présentation et approbation de notre part, mise en exécution dans le délai de huitaine, selon le mode établi pour toutes les contributions publiques, ou autres plus rigoureuses, en cas de résistance.

Le Comité procédera à l'épuration de la Société populaire. Il est autorisé à rayer de la liste de ses membres, tous les individus entachés des principes opposés à l'énergie révolutionnaire; la présente mesure étendue à toutes les Sociétés du District.

Il est également autorisé à mettre en état de réquisition et conscription militaire tous les muscadins au-dessus de la première classe, c'est-à-dire de vingt-cinq à quarante ans. Par muscadins sont entendus tous les citoyens de cet âge non mariés et n'exerçant aucune profession utile.

Fait à Villefranche d'Aveyron, le troisième jour de la première décade du deuxième mois de l'an deux de la République (24 octobre 1793), par le représentant du peuple Taillefer; Massabiau, secrétaire.

Le présent arrêté sera transcrit et enregistré sur le registre des autorités constituées du département. Taillefer. »

« Le délégué du représentant du peuple Taillefer, rend commun au département du Cantal l'arrêté ci-dessus, et autorise les comités de surveillance et révolutionnaires, établis à Aurillac et Saint-Flour, à appliquer les mêmes mesures contre les Aristocrates, Feuillans, Modérés, Egoïstes, Girondins, Accapareurs, Monopoleurs, Agioteurs, Fédéralistes, Superstitieux, Muscadins, Fanatiques, et généralement contre tous les indifférents pour la révolution; et sera ledit arrêté transcrit sur les registres des autorités constituées du département, envoyé aux Sociétés populaires et montagnardes, affiché et proclamé dans les lieux accoutumés. Fait à Aurillac, le premier jour de la seconde décade du second mois de l'an deuxième de la République, une, indivisible et impérissable. (1er novembre 1793).

Delthil fils, délégué du représentant du peuple. Latailhede, secrétaire. » (1)

En lisant attentivement cet arrêté, on n'est pas étonné de la terreur qu'il produisit partout dans les esprits, dans les familles, dans le pays. On ne voit pas bien en effet quels étaient les citoyens qui n'entraient pas dans l'une ou dans l'autre de ces catégories, indiquées dans l'arrêté. Citoyens de tout rang, banquiers, rentiers, négociants, agents de change, gens de race, gens du peuple, prêtres, riches, pauvres, notables de la science, de l'honnêteté, toutes les classes hautes et basses, administrateurs, officiers divers, tous sont menacés, presque tous frappés, dans leurs personnes et dans leurs biens, spoliés, séquestrés, mis hors du droit commun, notés d'infamie, menacés de la prison, des piques ou de l'échafaud. C'est un abatis général. C'est la terreur et le pillage organisés. On le voit, pour écraser un département, les révolutionnaires avaient trois moyens : la terreur, la guillotine et les bandes républicaines des départements voisins. On jetait un département sur l'autre. C'était foudroyant.

Avec ces puissants moyens d'oppression, d'écrasement, Taillefer eût bientôt réprimé les

(1) Placard imprimé. — Collection Tournemire.

nouveaux mouvements de la Lozère et de l'Aveyron, il y mit tout à feu et à sang. Il le raconte lui-même dans une lettre qu'il écrivit de Rodez, le 5 du deuxième mois de l'an II (26 octobre 1793). Le *Moniteur* n'indique pas à qui elle était adressée.

La voici :

« Rodez, le 5 du deuxième mois. J'ai en grande partie dissipé les rassemblements de la Lozère, de l'Aveyron et du Tarn. Déjà divers corps de rebelles, retranchés dans les bois, battaient les campagnes, dévastaient les propriétés des patriotes qu'ils égorgaient ou emmenaient ; des détachements envoyés contre divers partis avaient été taillés en pièces, désarmés et faits prisonniers. Ils avaient établi leur quartier-général dans une vaste forêt, dite de Palangen. On évalue à six mille hommes le nombre des brigands déjà rassemblés ; mais leur plan était beaucoup plus vaste et parfaitement lié avec ceux des rebelles de la Vendée et de Lyon. La grande majorité des communes, enrégimentées par compagnies et brigades, étaient entrées dans la contre-révolution ; ils avaient des intelligences dans toutes. Un inconnu, étranger, à ce qu'il paraît, donnant des ordres par interprète, était leur chef apparent. Deux cents émissaires, au

nom des frères du ci-devant roi, aidés des prêtres, parcouraient les campagnes pour grossir le
parti. Les mots de ralliement et les signes de
rébellion surpris sur quelques rebelles sont,
comme dans la Vendée et là Lozère, des cœurs
enflammés, surmontés de croix.

Dans la nuit du 13 au 14, ils devaient se lever
à la fois, envahir Milhaud, Sévérac et Rodez. Ils
s'en seraient rendus maîtres sans tirer une
amorce, tant leur plan était bien concerté. Le
citoyen Porié, procureur-syndic de Honzerre,
prit des mesures provisoires qui reculèrent l'effet
de leurs complots. J'envoyai aussitôt tout ce que
je pus réunir de troupes, dont je confiai le com-
mandement à l'ex-législateur Marbot, général
de brigade. Les départements du Lot et du
Cantal, déjà privés de vivres, envoyèrent tout ce
qui leur en restait. La promptitude et le concert
des mesures épouvantèrent les rebelles, dont
une grande partie regagnèrent leurs domiciles,
pensant n'être pas connus. Les chefs se cachèrent dans des cavernes, inconnues même aux
habitants du pays, mais dont l'existence est cer-
taine, dans les forts qu'il faudra brûler pour les
en faire sortir et pour découvrir les issues de ces
souterrains. Nous avons pris une fabrique de
faux assignats ; ils n'en avaient encore émis

aucun. Nous avons déjà pris quelques brigands, dont un chef, qui donnera des éclaircissements, et quelques prêtres, qui ont déjà essayé le tranchant de la guillotine. Comme ce plan était très-vaste, je ne renverrai pas les troupes avant d'avoir balayé le pays.

J'ai établi des chaînes de postes et des quartiers principaux sur tous les points environnant les gorges, les forêts, les forts où l'on présume que les brigands se tiennent cachés. Les troupes formeront une battue en se portant de la circonférence au centre, fouillant les bois et autres lieux suspects, désarmant les communes mauvaises, incarcérant les individus qui ont trempé dans le complot, qui recèlent des prêtres ; et comme il y a plusieurs communes qui ont coopéré en totalité, un exemple sévère contre les plus coupables dégoûtera les autres de la contre-révolution. Un jury militaire va être institué pour juger les prêtres, suivant la loi du 18 mars, et un tribunal révolutionnaire, pour faire le procès aux conspirateurs. On fera verser dans les magasins du peuple toutes les subsistances qui se trouveront chez les coupables. La masse du peuple est excellente ; il lui suffit de montrer le bien pour qu'il le suive ; mais les campagnes sont fanatisées, et des missionnaires zélés et intelligents vont les éclairer. J'annonce à la Convention que j'ai destitué et fait traduire au tribunal révolutionnaire le général de brigade Laferrière, qui commandait dans la Lozère, et dont les mouvements favorisaient les rebelles.

Taillefer, représentant du peuple. » (1)

Quelques jours après, Delthil, délégué de Taillefer, et les administrateurs du Cantal, écrivirent d'Aurillac à la Convention la lettre suivante :

Aurillac le 11ᵉ jour du second mois de l'an II (1ᵉʳ novembre 1793)

Le Commissaire délégué du représentant du peuple, Taillefer, dans le département du Cantal et les membres composant le Conseil général permanent de ce département,

A la Convention nationale.

Citoyens représentans,

De nouveaux mouvemens contre-révolutionnaires viennent de se manifester dans la Lozère et l'Aveyron, pareils à ceux survenus au mois de mai dernier ; ils ont été aussitôt réprimés que connus ; l'énergie républicaine des sans-culottes du Cantal avait déjà fait ses preuves dans les montagnes de la Lozère ; animés par la présence du sans-culotte Delthil fils, commissaire délégué

(1) *Moniteur*, t. XVIII, page 332.

du représentant du peuple Taillefer, et de son secrétaire Latailhede, francs et chauds montagnards, ils se sont montrés dignes encore de la cause de la liberté. Citoyens représentants, on vous a dit que ces troubles sont maintenant cessés, ils le sont en effet ; mais on vous a laissé ignorer par les soins et par la valeur de qui ils l'ont été : dix mille républicains du Cantal, accourus de leurs montagnes, ont eu pour la majeure partie l'honneur de cette expédition. Le commissaire Delthil, les autorités constituées de ce département avaient tout préparé, tout combiné pour étouffer dans son principe cette nouvelle explosion dont, avant tous autres, ils avaient eu connaissance. La force armée qu'ils ont levée s'est trouvée la première dans les lieux insurgés, et son apparition subite a seule empêché les rassemblemens de se grossir, et les rebelles de se former en corps d'armée.

Le 13 octobre, le district de Saint-Flour donne avis du mouvement qui se prépare, le sans-culotte Delthil donne, le 14, à l'administration du département une réquisition pour faire passer des troupes dans le district de Saint-Chély ; pareille réquisition du même pour en faire porter sur les frontières de l'Aveyron, où les mouvemens contre-révolutionnaires paraissaient avoir des ramifications.

Le 15, le district de Saint-Chély est occupé par nos troupes, et des commissaires de ce département y sont envoyés pour en diriger les mouvements. Dans le même temps, une armée révolutionnaire est organisée par le commissaire, une compagnie de canonniers la suit ; deux comités de surveillance sont formés à Aurillac et à Saint-Flour, avec lesquels se concertent toutes les opérations millitaires et de sûreté publique. Les 18 et 19, dix mille braves montagnards, par les ordres du représentant du peuple Taillefer, et de son commissaire Delthil, bordent toute la frontière de l'Aveyron, inondent la Lozère et s'emparent des hautes montagnes d'Aubrac ; plusieurs rebelles sont arrêtés, les deux frères de Charrier sont pris, l'un d'eux était caché dans une armoire, et le reste des brigands rentrent dans leurs foyers, ou courent se cacher dans les bois. La gendarmerie du Cantal a marché en masse et a très efficacement concouru à la dispersion des rebelles.

Notre armée, après avoir pénétré jusqu'au Mur-de-Barrez, s'est portée à Figeac par les ordres des généraux Vitton et Marbot, d'où elle arrive pour rentrer dans ses foyers ; douze cents républicains sont restés dans la Lozère, où ils achèvent cette expédition qui n'a été pour eux qu'une promenade de huit jours.

Jugez, citoyens représentants, de l'ardeur de nos Montagnards ; c'est de ces hommes que sera composée la levée en masse que vous avez décrétée et dont le défaut de subsistances arrête seul l'organisation dans ce moment.

Nous avons vu, dans cette circonstance, plusieurs communes, dont les hommes n'avaient pu faire partie de l'armée par le défaut d'armes et de vivres, se plaindre amèrement, réclamer contre la préférence donnée aux autres. Nous avons vu plusieurs de ces braves gens, réformés pour la même cause, aller au loin acheter des fusils à leur dépens, et revenir joindre leurs camarades.

Citoyens représentants, l'honneur de servir leur patrie suffit à des républicains ; c'est la récompense qu'ils ambitionnent ; mais nous qui avons été les témoins de leurs élans généreux, nous devons à la justice, à l'honneur de ce département et à la gloire de la République entière, de vous faire connaître les traits qui honorent ses défenseurs

Le délégué du représentant du peuple,
Delthil fils. Latailhède, secrétaire.

Les membres du conseil général du département du Cantal,

Destaing, président ; Destanne, Vaurs, Fau, Milhaud, Ganilh, Rames, Boisset, Vaissier, Daude, Armand, Bastide, Pommié, Valarcher, Demoussié, Salsac, Vidal, Laden, Grandet, Bernard et Pons. Coffinhal, procureur-général-syndic, Palis, secrétaire général (1).

Tel est le récit, écrit par les révolutionnaires eux-mêmes, de la guerre faite aux malheureux paysans de l'Aveyron et de la Lozère, qu'ils appellent des brigands et qui ne se soulevaient que pour secouer l'insupportable tyrannie qui les étouffait.

(1) Placard imprimé.

CHAPITRE IX.

LES MONTAGNARDS ET LES GIRONDINS EN AUVERGNE.
— DÉBACLE DE LA GIRONDE. — PROTESTATION DES
ADMINISTRATEURS DU PUY-DE-DOME. — LEUR
ARRESTATION. — CONDAMNATION A MORT DE MOLIN,
DE CHAUTY ET DE DIJON-SAINT-MAYARD.

Pendant que les tribunaux du Puy-de-Dôme
et du Cantal condamnaient à la prison ou à la
mort plusieurs paysans d'Auvergne et que les
bandes républicaines écrasaient la Lozère et
l'Aveyron, les Montagnards tuaient les Girondins.

Dans la Convention existaient deux partis : la
Montagne et la Gironde. Parmi les Montagnards
ou Jacobins se rangeaient les républicains outrés,
les démagogues, les féroces ; parmi les Girondins, on comptait les modérés, les moins violents.
Mais tous avaient le cœur rongé d'une ambition
jalouse, haineuse ; chaque parti aspirait à la
domination absolue, voulant gouverner en maître, luttant l'un contre l'autre avec une énergie
sauvage.

Couthon, Monestier, Maignet, Romme, Soubrany, Carrier, Milhaud, Lacoste appartenaient au parti de la Montagne; Dulaure, Bancal, Laloue, Girot-Pouzol, Gibergues, Rudel, Blanval, Chabanon, Thibault, Mailhe, Méjansac, Peuvergne, au parti de la Gironde.

Ces députés écrivaient en Auvergne pour soutenir et répandre les opinions de leur parti ; ils s'accusaient mutuellement.

Le 16 mai 1793, Couthon écrivait de Paris a la *Société des amis de la Constitution*, à Clermont :

« Ce n'est pas un doute pour moi, chers concitoyens, la faction (de la Gironde) veut la guerre civile, parce qu'elle est payée sans doute pour fournir à la tyrannie ce seul moyen de la rétablir chez nous ; ils n'y réussiront pas, les scélérats, fussè-je seul contre eux, je livrerais ma débile existence au salut du peuple et, si mes efforts étaient infructueux, je saurais lui dire à temps qu'il se lève et abatte les têtes. Tous les moyens de sang me font horreur; mais je saurais lui dire que, dès que ses amis n'ont pas pu le sauver, il faut qu'il se sauve lui-même et qu'il livre au glaive de la loi tous ceux qui l'ont trahi. »

— « Je n'ai jamais fait du mal à un poulet, dit-il

ailleurs, mais je verrais couper la tête à ces gens-là sans détourner les yeux... »

Les partisans de la Gironde écrivaient dans un sens contraire, accusant les Montagnards de tous les forfaits.

Les Sociétés populaires, les clubs étaient du parti de la Montagne ; les administrateurs du Puy-de-Dôme, les tribunaux en général préféraient les Girondins.

Au plus fort de la lutte entré la Montagne et la Gironde, la commune de Clermont envoya à Paris Dijon-Saint-Mayard, président du tribunal du district de Clermont, et Barre, juge, lesquels s'adjoignirent d'Albiat, procureur de la commune, qui se trouvait déjà dans la capitale ; ils étaient porteurs d'une pétition qui invitait la Convention à cesser ses discordes intestines et à donner à la France la Constitution qu'elle attendait.

De leur côté les administrateurs du Puy-de-Dôme envoyèrent à la Convention, dans le même but, l'adresse que voici :

« Représentants du peuple. Nous taire quand, de toute part, le vote du peuple se fait entendre, serait trahir tout à la fois et nos devoirs et la confiance dont nous sommes revêtus. Écoutez le langage austère de la vérité, et rendez-vous enfin au vœu de la Nation.

La liberté n'est plus qu'un mot ; une licence effrénée a pris sa place ; les lois sont sans force, les autorités sans pouvoir ; l'anarchie, l'arbitraire règnent partout ; l'effroi est général ; plus de sûreté pour les personnes, plus de sûreté pour les propriétés ; le désordre est à son comble ; guerre terrible au dehors, guerre plus terrible encore au dedans.

Citoyens représentants, songez-y ; cet état est trop violent, il ne peut durer. Hâtez-vous de mettre fin à nos maux, la source en est dans votre sein, c'est dans votre sein que doit s'en trouver le remède.

Vous avez tous, d'une voix unanime, décrété la République une et indivisible, vous devez être aussi indivisibles qu'elle. Et cependant plusieurs factions vous déchirent, et cependant les journaux sont remplis de vos débats scandaleux.

Nous n'épousons aucun de vos partis ; vous n'êtes à nos yeux qu'un seul tout, destiné au même objet, chargé de la même mission.

Que les factieux des tribunes, que ces hommes avides de sang et de pillage n'entreprennent pas de faire un choix parmi vous, de conserver ou de renvoyer à leur gré ; vous formez tous, sans exception, un dépôt sacré au milieu de nos frères de Paris. Ils nous répondent de vous tous sans exception.

Il ne vous suffit pas d'avoir brisé le sceptre des rois, brisez encore celui de l'anarchie, revenez enfin à votre œuvre unique. Faites, et ne différez pas, une Constitution républicaine. Le peuple se tient debout pour vous la demander, il ne s'assoiera que lorsque vous la lui aurez donnée.

Le Conseil général du département du Puy-de-Dôme. Signé : Daugerolles, président ; A. Dulin, Besse, Chandezon, Fouchier, Viallevieille, Mobin, Bonfils, Chabrol, Fargeix, Moussier, Fileyre, Goutay, Espaignon, Beaufrère, Chauty, procureur-général syndic.

Le conseil général du département du Puy-de-Dôme décrète que la présente adresse sera imprimée et adressée à la Convention nationale, à tous les départements de la République, aux districts et aux municipalités de ce département. » (1).

Comme le Puy-de-Dôme, le Cantal était en proie à l'anarchie par la division des citoyens en Montagnards et Girondins. La majorité était girondine, mais les Montagnards plus hardis,

(1) *Le Puy-de-Dôme en 1793*, p. 467.

plus actifs, osant tout, bravant l'honnêteté, la justice, l'opinion, étaient plus puissants et régnaient par la terreur.

Les modérés pourtant eurent le courage d'envoyer à la Convention la pièce suivante :

« Adresse de tous les corps administratifs et judiciaires, de la *Société populaire* et des trois sections de la ville d'Aurillac, chef-lieu du département du Cantal, aux Représentants de la Nation :

Citoyens représentants,

Toute notre jeunesse est partie, à la nouvelle des dangers de nos frères de la Lozère ; nous avons fait le sacrifice de nos enfants à la patrie ; donnez-nous des armes et des secours, et nous sommes prêts, s'il le faut, à les suivre, à nous dévouer tous, et à nous précipiter en masse sur les révoltés.

Oui, nous périrons tous ou nous sortirons triomphants de cette lutte insolente de l'aristocratie et du fanatisme contre les droits du genre humain.

Mais du moins que la patrie recueille le prix de notre dévouement ; que notre dernier moment ne soit pas empoisonné par la crainte d'avoir répandu notre sang inutilement pour la liberté.

Citoyens, le sacrifice de la vie n'est pas pour nous le plus pénible ; le plus pénible de nos sentiments est cette cruelle incertitude ; le plus pénible est de voir la confiance et le courage de nos soldats sans cesse trompés par des traîtres ; le plus pénible est de voir ces généreux défenseurs de la patrie dans le dénuement le plus honteux, tandis que les dilapidations les plus scandaleuses épuisent toutes les ressources de la République ; le plus pénible est de voir une révolution qui devait faire l'étonnement de tous les fidèles et émanciper le genre humain, devenir la proie des intrigans et des frippons.

Le plus pénible enfin, est d'entendre l'opinion publique placer la cause de tous nos maux et de nos déchirements dans le sein même de la Convention.

Au nom de la patrie qui vous accuse, abjurez vos divisions, donnez-nous une Constitution libre et un gouvernement énergique ; sauvez la liberté ou vous répondrez à l'humanité entière de tous les maux que le despotisme ou l'anarchie pourraient verser sur elle.

Destanne, vice-président ; Palis, secrétaire-général. » (1)

Ces appels à la concorde furent infructueux ;

(1) Placard imprimé.

la lutte entre les deux partis n'en fut que plus acharnée et ardente. Enfin, pour en finir avec leurs adversaires, les Montagnards un jour font sonner le tocsin dans tout Paris, ameutent la populace qui envahit la Convention ; les députés Girondins sont mis hors la loi, décrétés d'arrestation, mis en fuite ou emprisonnés. Cet événement eut lieu dans les journées du 31 mai et du 2 juin 1793.

Répandus dans les provinces, les Girondins en fuite soulevèrent en leur faveur plusieurs départements ainsi que plusieurs villes, telles que Bordeaux, Caen, Marseille, Toulon, Lyon. Plus de soixante départements protestèrent contre ce coup d'Etat des Montagnards. De ce nombre furent le Puy-de-Dôme et le Cantal.

Voici l'adresse de protestation du Puy-de-Dôme à la Convention, rédigée, le 20 juin, par les administrateurs, réunis en séance secrète :

« Citoyens, vous êtes asservis, les derniers événements ne permettent plus d'en douter. Une faction liberticide vous dicte des lois : elle vous a commandé de violer la représentation nationale et vous l'avez violée ; elle vous a demandé plusieurs de vos membres et vous les lui avez livrés. Tant d'audace d'un côté, tant de faiblesse de l'autre, font craindre que vous ne puissiez plus sauver la patrie.

Nous ne vous rappellerons plus les outrages sanglants que la Nation entière a reçus en vous, pour ne pas trop enflammer l'indignation publique ; mais nous devons vous dire que le peuple veut, à quelque prix que ce soit, conserver sa liberté.

Déjà un orage terrible commence à se lever sur l'horizon de la République. En vain tenterait-on de le dissiper par la terreur et la violence. Cette mesure ne convient qu'aux tyrans et elle n'a jamais servi qu'à précipiter leur chute La Constitution et la Constitution seule peut le détourner.

Cessez de crier au fédéralisme, à la coalition. Le fédéralisme est une folie à laquelle personne ne croira, et la coalition de tous les vrais amis de l'ordre est l'unique remède contre l'anarchie, lorsqu'elle a gagné le cœur de la République.

Elle ne doit plus durer, cette anarchie monstrueuse qui cause tous nos maux, cette anarchie tant désirée des ennemis du dehors et du dedans, entretenue par eux à si grands frais et leur unique espoir.

Il faut qu'elle soit étouffée ; il faut qu'après tant de tempêtes plus violentes les unes que les autres, le vaisseau de la République arrive enfin au port.

La Constitution est l'unique gouvernail qui puisse l'y conduire. Elle sera le point de ralliement de tous les républicains ; elle sera l'effroi des anarchistes, des contre-révolutionnaires et de tous les despotes coalisés. Avec elle la nation sera invincible ; sans elle la perte est assurée.

Il n'est plus possible de différer la Constitution. Les citoyens du département du Puy-de-Dôme déclarent hautement qu'ils la veulent sans délai, et qu'ils la veulent fondée sur les principes dont voici l'exposé :

1°. Liberté, égalité ;

2°. Unité, indivisibilité de la République ;

3°. Unité, indivisibilité de la représentation nationale ;

4° Inviolabilité des représentants du peuple jusqu'à un décret d'accusation émané d'eux ;

5°. Entière liberté des opinions ;

6° Enfin, résistance à l'oppression, à toute autorité despotique, dictatoriale, et à toute espèce de suprématie,

Citoyens représentants, si vous avez la volonté et le pouvoir de nous donner une Constitution fondée sur de tels principes, hâtez-vous de la présenter, nous sommes prêts à la recevoir.

Mais si vous n'avez aucuns moyens pour cica-
triser la blésure profonde que vous avez faite, si
vous ne pouvez sauver le peuple, le peuple est
dans l'inébranlable résolution de se sauver lui-
même. » (1)

Cette adresse fut répandue et présentée à la
signature des citoyens. Parmi les administrateurs présents, un seul, Noyer-Dubouy, refusa
de signer l'adresse et même sans retard il écrivit
à Couthon pour dénoncer ses collègues ; il fit
plus, il prévint *la Société populaire* de Clermont
de la publication de l'adresse girondine et la
Société, dans ses séances du 23 et 24 juin, prit
une délibération où la conduite des administrateurs était fortement blamée. La fougueuse
Société populaire rédigea en outre une adresse à
la Convention pour servir de contre-poison à
l'adresse des administrateurs et féliciter les
Montagnards de la journée du 31 mai. Voici
cette adresse, qui fut signée par 600 citoyens, et
fut portée à Paris par deux commissaires,
Rouillon et Laforie :

« Adresse des citoyens républicains de la ville
de Clermont-Ferrand à la Convention nationale.

Mandataires du peuple,
Une faction liberticide entravait depuis long-

(1) *Le Puy-de-Dôme en 1793.* pag. 70.

temps vos discussions ; des meneurs audacieux
avilissaient continuellement la représentation
nationale ; des débats scandaleux, où le crime et
la haine se disputaient tour à tour leurs triom-
phes affreux, profanaient le temple auguste des
lois, faisaient gémir la France indignée ; un
plan profondément atroce, un plan d'intrigue et
de scélératesse, artistement combiné, étendait
au loin ses ramifications désastreuses, dévorait
les sucs nourriciers de l'arbre de la liberté. Un
système de corruption, enveloppé sous des dehors séduisants et trompeurs, commençait à
dominer ; et la République, chancelant dès son
berceau, allait succomber sous les efforts de vils
hypocrites qui s'en disaient les fondateurs.
D'accord avec le tyran qu'ils avaient voulu sauver, d'intelligence avec les puissances étrangères
à qui ils avaient déclaré perfidement la guerre,
correspondant avec ces hordes fanatiques de
rebelles qui désolent et ravagent encore le sol de
la liberté, de prétendus amis des lois allaient
livrer nos frontières qui, par une suite de leur
horrible complot, se trouvaient dégarnies. Fort
de leur trahison, déjà l'Autrichien souillait le
territoire de la République, et cet ennemi, si
faible devant nos bataillons, aurait peut-être
accompli l'infâme prédiction du farouche Isnard :

*Un jour le voyageur effrayé cherchera sur qu'elle
rive de la Seine exista Paris.*

La grandeur du péril, bien loin d'effrayer les
habitants de cette fière cité, les électrisa, les em-
brasa. Ils reprirent avec enthousiasme les armes
du 14 juillet, les canons du 10 août : ils jurè-
rent de faire triompher la République ; la République triompha. Grâces soient rendues à ces
sentinelles intrépides de la Liberté. Le feu du
patriotisme étincelle déjà dans les départements.
Il est enfin levé, ce masque trompeur, qui cou-
vrait si habilement le crime. Elle est enfin dé-
voilée, cette trame perfide, qui menaçait d'en-
gloutir la République sous les ruines de la
liberté. Le coryphée des hommes d'Etat, Brissot,
fuyant pour attiser dans les départements le feu
de la guerre civile, vient de donner à tous les
Français la mesure de son patriotisme. Eh !
qu'il ne dise pas qu'il se dérobait au poignard
des assassins ! Paris sait arrêter les scélérats
d'une main, et de l'autre les présenter au glaive
de la justice. L'assassinat ! il ne convient qu'aux
lâches et aux faibles, et la ville aux six cent mille
habitants est forte et courageuse.

Représentants, la journée du 31 mai a sauvé
la République. La Constitution, que vous venez
de décréter, achèvera l'heureux ouvrage qu'ont

commencé les braves Parisiens. Vous allez exaucer les vœux du peuple français, en la soumettant promptement à sa sanction. Alors le règne de la loi commencera : les passions se tairont ; les partis s'anéantiront, et la République une et indivisible écrasera de toute sa puissance toutes ces hordes mercenaires et fanatiques.

La République ou la mort ! tel est le vœu des Français. Bientôt la République et la paix universelle seront le fruit heureux de ce vœu si énergiquement prononcé.

Les citoyens libres de la ville de Clermont-Ferrand, et ont signé : Terreyre aîné, Rouillon, Monestier, médecin ; Loriette, Franconin, Desbouis, Laforie, Strada, Limet, Petit, curé ; Poyet, curé ; Clement, vicaire ; Montader, Louirette, Désessement, Avinat, prêtre ; Ribeyroux, Noyer-Dubouy, Verdier, etc., (en tout 500 signatures environ. » (1).

La *Société populaire* d'Ambert dénonça les administrateurs à la Convention et fit brûler leur adresse sur la place publique.

Les porteurs de ces adresses, Rouillon et Laforie, se présentèrent à la Convention, dans sa séance du 1er juillet, et admis à la barre, ils lurent l'adresse de la *Société populaire*.

(1) *Le Puy-de-Dôme en 1793*, pag. 477.

Couthon alors monte à la tribune : « Ce n'est pas, dit-il, de ce moment que les citoyens de Clermont-Ferrand sont républicains ; dès le commencement de la Révolution, ils se sont montrés les plus ardents amis de la liberté ; aujourd'hui ils nous envoient des députés pour applaudir à la conduite de leurs frères de Paris et adhérer aux mesures prises par la Convention contre les mandataires conspirateurs. Les administrateurs du Puy-de-Dôme ont osé blâmer l'insurrection du 31 mai. Qu'a fait le peuple? il s'est levé pour réprimer l'audace de ses administrateurs. Je demande que la Convention décrète qu'elle applaudit au civisme des habitants de Clermont; je demande que l'adresse du département du Puy-de-Dôme, qui vous a été communiquée, soit renvoyée au Comité du Salut public pour vous proposer des mesures contre les administrateurs ; je demande aussi que l'adresse de la *Société populaire* de Clermont soit insérée au *Bulletin.* »

Le fougueux démagogue ajoute : « Les citoyens de Clermont ne sont pas les seuls citoyens du Puy-de-Dôme qui pensent que Paris a sauvé la liberté encore une fois, dans la journée du 31 mai. Je tiens à la main une adresse de la ville d'Ambert qui applaudit aux décrets de la Convention et félicite les citoyens de Paris de leur ardeur révolutionnaire. »

La Convention décrète la mention honorable des sentiments de la ville d'Ambert. » (1).

Couthon ne s'en tint pas à ces discours. Envoyé avec Maignet dans le Puy-de-Dôme, il mit toute son énergie à combattre les Girondins, à épurer les administrations, à paralyser et détruire les effets qu'y avait produits l'adresse girondine. S'il sembla oublier un instant les administrateurs coupables de modérantisme, c'était uniquement parce qu'il était occupé à la levée des bataillons qu'il voulait envoyer contre Lyon, tombé au pouvoir des Girondins et des Royalistes.

Après la prise de la ville rebelle où il s'était rendu avec les gardes nationaux du Puy-de-Dôme, le jour même de son départ pour retourner à Clermont, le 13 brumaire an II (3 novembre 1793), il porte de concert avec Maignet, un arrêté qui ordonne que les treize administrateurs qui avaient signé l'adresse soient mis en arrestation et traduits sous bonne escorte à la Commission de justice, récemment établi à Lyon pour juger les auteurs de l'insurrection.

En effet, arrêtés et conduits par un détachement de la garde nationale de Clermont, les

(1) *Moniteur*, t. XVII, p. 13.

accusés arrivent à Lyon, le 21 brumaire an II
(12 novembre 1793), et le 16 frimaire an II (6 décembre 1793), le tribunal révolutionnaire en
condamne deux à mort, Barthélemy Molin, et
Genet Chauty. Les autres furent acquittés,
grâce surtout au généreux dévouement de Molin
qui, pour sauver ses collègues, assuma toute la
responsabilité du fait incriminé, en se déclarant
seul coupable de la rédaction de l'adresse.

Le même jour de leur condamnation, le 6 décembre, Molin et Chauty portèrent leurs têtes
sur l'échafaud, en pleine place Bellecour. Le
courage de Molin ne se démentit jamais. « La loi
te condamne, lui dit le Président, quand il pro-
nonça la sentence. — Non, répliqua Molin, ce
n'est pas la loi qui me condamne, c'est toi ! »
Leurs biens furent confisqués.

Il y avait d'autres Girondins dans le Puy-de-
Dôme. Couthon ne leur fit pas grâce. Il donna à
l'Auvergnat Rouillon, un des juges de la Commission révolutionnaire de Lyon, une délégation en
règle, en vertu de laquelle ce Rouillon se rendit
dans le Puy-de-Dôme et fit arrêter Dijon de
Saint-Mayard, président du tribunal civil de
Clermont, Barre, juge au même tribunal, d'Albiat, procureur de la commune de Clermont,
Hauguet, de Billom, ancien constituant, et Bar-

bat-Duclosel, disant que les trois premiers
étaient les plus coupables, puisqu'à leur retour
de Paris, après les évènements du 31 mai et 2 juin,
ils avaient fait le récit le plus effrayant, le plus
faux de la situation de la Convention nationale.
De ces cinq accusés un seul fut condamné à mort,
Dijon de Saint-Mayard, le 1er nivôse an II (21 décembre 1793). Il monta sur l'échafaud en compagnie de soixante-six victimes de la fureur
révolutionnaire, qui chaque jour à cette époque
inondait de sang la ville de Lyon.

CHAPITRE X

LES MONTAGNARDS ET LES GIRONDINS DU CANTAL. —
ILS SE DÉCHIRENT LES UNS LES AUTRES. — PRO-
TESTATION DES ADMINISTRATEURS GIRONDINS DU
DÉPARTEMENT. — RÉPONSE DES MONTAGNARDS. —
ARRESTATION DES PRINCIPAUX GIRONDINS. — MORT
DE LACROIX.

Dans le Cantal, comme dans le Puy-de-Dôme,
même lutte, mêmes protestations, mêmes accusations entre les Montagnards et les Girondins,
ils se déchirent, ils se dévorent entre eux. Ils
envoient des émissaires dans les districts, dans
les communes pour soulever les populations en
faveur de leur parti respectif.

Une entente secrète existait entre les autorités
girondines du Cantal, du Puy-de-Dôme, de
Lyon en révolte, de la Lozère et de l'Aveyron
en insurrection. Des émissaires parcouraient les
départements, prêchant la guerre sainte contre
leurs adversaires enragés, les Montagnards ;
chaque parti voulait arriver à dominer seul. Ils
ne valaient guère plus les uns que les autres,

mais les Girondins avaient des apparences meilleures.

Les Montagnards plus féroces, audacieux dans le crime, ne conservant aucun ménagement, avaient triomphé à la Convention, en mettant les Girondins à la porte, ils triompheront dans les départements qu'ils soumettront à leur joug tyrannique.

Après l'événement du 31 mai, à l'exemple des administrateurs du Puy-de-Dôme, les administrateurs du Cantal envoyèrent à la Convention une protestation. La voici intégralement :

« Adresse à la Convention Nationale,

Présentée par toutes les autorités constituées de la ville d'Aurillac, et par un grand nombre de députés de districts et communes du département du Cantal,

Mandataires du peuple,

Le peuple voulait une Constitution, il vous a envoyés pour la faire, et vous ne vous êtes occupés, jusqu'à ce moment, que de haine et de divisions.

Il voulait être libre, et vous le rendez esclave en incarcérant ses représentants.

Il voulait des lois bienfaisantes, et l'on vous propose journellement des lois de sang.

Il voulait la sûreté des personnes et des pro-

priétés, les arrestations arbitraires se multi-
plient et les propriétés sont violées.

Il ne voulait point de despotes, et vous lui en
avez envoyé quatre-vingt-deux.

Il ne voulait aucune domination particulière,
et une poignée de factieux de la ville de Paris
dicte des lois à la Convention Nationale, viole le
secret des lettres particulières, et intercepte la
correspondance des départements.

Ces mêmes factieux ont fait rapporter le décret
contre les Bourbons.

Ils ont obtenu cette loi du 4 mai, sur les subsistances, qui a procuré la famine dans les départements.

Un décret déclare calomnieuse la dénonciation, faite dans le sein de la Convention, de
vingt-deux de ses membres. Peu de temps
après une nouvelle majorité met en état d'arrestation les mêmes membres, et leur refuse des
juges. Des autorités monstrueuses réunies dans
le sein de Paris font voter la Convention au milieu des bayonnettes, et renferment dans les
cachots ces âmes honnêtes qui veulent protéger
la représentation nationale.

L'anarchie tue la République; les diverses
autorités constituées connaissent les malheurs
du peuple, et réclament contre les abus : on ne

lit plus leurs adresses ; on reproche aux magistrats, chéris par le peuple, de ne point émettre son vœu ; on affecte de se reporter à ces temps où le tyran cherchait à corrompre les administrations, et l'on feint d'ignorer que les départements ne veulent plus de despotes, et que l'or corrupteur des Pitt et des Cobourg ne circule que dans Paris.

Les magistrats du peuple veulent le consulter ; ils désirent qu'il s'explique paisiblement dans les assemblées primaires ; consulter le peuple des départements est un crime puni de mort, tandis que les sections qui, réunies au bruit du tocsin et du canon d'alarme, délibérèrent continuellement, ont bien mérité de la patrie.

Eh bien, vous l'entendez le vœu de la section du Cantal ! le peuple y veut être libre, indépendant ; il le sera ; il détruira les factions ; il fera respecter la représentation nationale ; il réprimera les factieux, les anarchistes ; les personnes et les propriétés y seront respectées.

Les membres des autorités constituées qui ont écrasé le fanatisme, dissipé, puni les gens suspects, imposé silence aux anarchistes, fait respecter les loix et maintenir la tranquillité publique, veilleront encore au salut du peuple.

Ils sauront braver les mesures sanguinaires

que l'on vous propose jusqu'à ce qu'ils ayent obtenu une Constitution républicaine.

Le peuple du Cantal, qui s'est levé en masse pour combattre et vaincre les rebelles de la Lozère, saura bien résister à l'anarchie et à l'oppression.

Signé PALIS, secrétaire général.» (1)

Couthon était monté à la tribune de la Convention pour dénoncer l'adresse du Puy-de-Dôme. Carrier en fit autant pour dénoncer l'adresse des administrateurs du Cantal.

« Je dénonce à la Convention, dit-il, une adresse du département du Cantal, dans laquelle les événements des 31 mai et 2 juin sont présentés de la manière la plus perfide. Les principaux auteurs de cette adresse sont le président et deux autres membres de l'administration ; je demande qu'ils soient mandés à la barre, et que le siège du département soit transféré à Aurillac. »

La première proposition de Carrier est adoptée. » (2)

Carrier ne s'en tint pas là. De concert avec ses co-députés Montagnards, Lacoste, Milhaud et Chabanon, il rédige une réponse à l'adresse

(1) Brochure imprimée.
(2) *Moniteur*, t. XVII, p. 122,

des administrations ; elle est longue, furibonde, passionnée. Nos Montagnards accusent nos Girondins des mêmes crimes dont ceux-ci accusaient ceux-là. La Gironde trompe le peuple et lui enlève sa liberté ; la Montagne au contraire lui dit la vérité et combat pour le rendre libre. « La Convention, disent nos Montagnards, a substitué aux cloaques de la Monarchie, l'édifice majestueux de la République. Le tyran était encore dégoûtant du sang des Français et, comme Charles IX il semblait en rendre par tous les pores ; la Convention a jeté cet anthropophage entre les mains de la justice qui a récupéré ses droits...

Les Parisiens se sont levés et les ambitieux, les fédéralistes ont disparu et le plus bel éloge qu'on puisse en faire, c'est le calme qui règne dans la Convention depuis leur expulsion...

Vous accusez la Convention d'avoir proposé des lois de sang, elle qui, aux travaux de laquelle l'humanité préside, elle qui a publié des maximes de bienfaisance... elle qui a déclaré une paix éternelle à tous les peuples !... »

Après avoir énuméré en phrases sonores les bienfaits de la Convention et les attentats dont les Girondins, disent-ils, se sont rendus coupables, nos Montagnards finissent par ces mots :

« La Convention qui a mis au jour les lois les plus sublimes, qui a imprimé à la Nation une grande énergie saura faire rentrer dans la boue quelques intrigants subalternes dont l'impunité accroît l'audace. »

Elle fit plus que de les faire rentrer dans la boue, elle les fit entrer dans les prisons, elle les fit monter sur l'échafaud. Dès l'apparition de l'adresse des administrateurs, la population d'Aurillac s'était divisée en deux camps : l'un Girondin, l'autre Montagnard.

A l'occasion des troubles de la Lozère, on avait convoqué à Aurillac une réunion de plusieurs commissaires des districts et des communes. Altaroche, président de l'administration départementale, saisissant l'occasion favorable, invita les membres à émettre leurs vœux sur les événements de Paris, du 31 mai et jours suivants. Il sortit à l'instant de sa poche une adresse dont il donna lecture. Cette lecture occasionna un grand mouvement dans l'assemblée et excita une indignation extrême parmi les patriotes partisans de Carrier et des autres Montagnards. Ceux-ci sortent de la salle. Ceux qui restent signent l'adresse contre la Convention qui est à l'instant livrée à l'impression et répandue.

Le bruit s'en étant répandu dans la ville, il y

eut grande effervescence et les démagogues se portent en foule au département, reprochant au Président et à ses partisans leur audace.

De là ils se réunissent dans leurs sections pour improuver *l'infâme* adresse, pour émettre leur véritable vœu et assurer à la Convention qu'ils adhèrent à toutes les mesures prises par elle et qu'elle est toujours leur seul et unique salut.

Les républicains agricoles d'Arpajon arrêtent en outre que l'adresse sera livrée aux flammes, comme faussement étayée des autorités d'Aurillac et autres, comme étant un attentat au respect et à la soumission dus à la Convention Nationale et comme diffamant la commune de Paris, qui a si justement et si souvent, disent-ils, mérité de la Patrie.

Quoique en minorité dans le Cantal, les Montagnards étaient les plus puissants, parce qu'ils étaient les plus hardis, les plus violents. Ils firent si bien que la Convention, sur la motion d'un de ses membres, décréta, le 13 juillet 1793, que les citoyens Altaroche, président de l'administration du Cantal, Pons et Ganilh, administrateurs du même département, seront mis en état d'arrestation, traduits à la barre de la Convention, et que les scellés seront apposés sur leurs papiers.

En effet Pons et Ganilh furent arrêtés, Altaroche parvint à s'échapper.

Un Girondin, nommé Lacroix, membre du
comité de surveillance de Brioude, qui avait par-
couru le pays pour faire de la propagande en
faveur du parti Girondin, fut dénoncé, poursuivi,
enfin arrêté et mis à mort le 24 messidor an II
(12 juillet 1794).

Voilà donc dans le Cantal la Gironde en dé-
route. Les Montagnards triomphent partout,
dans le Cantal, dans le Puy-de-Dôme, dans la
Lozère, dans l'Aveyron. Ils triomphent aussi à
Bordeaux et à Lyon.

CHAPITRE XI

LES GIRONDINS D'AUVERGNE A LYON. — LES EXÉCUTÉS.
— LES GIRONDINS D'AUVERGNE A BORDEAUX. —
LEUR MORT.

Après la chute des Girondins, le 31 mai 1793,
la ville de Lyon, déjà terrorisée par le sanguinaire Chalier, poussée au désespoir par les
fureurs de la démagogie, se déclara ouvertement
en révolte contre l'intolérable gouvernement des
agents de la Convention.

Kellerman d'abord, puis Dubois-Crancé pous-
sèrent avec vigueur le siège de la ville rebelle.
Pendant plus de deux mois, Lyon tint en échec
les armées de la République. Grâce au général
de Précy, qui dirigeait la défense, vaillamment
secondé par un de ses aides de camp, Joseph de
Douhet d'Auzers, du Cantal.

De plusieurs départements on envoya contre
Lyon des troupes formidables. Le 21 août 1793,
la Convention décréta que Couthon, Maignet,
Châteauneuf-Randon se rendraient dans le
Puy-de-Dôme pour y activer la levée des recrues

destinées à aller combattre les rebelles de Lyon
et ceux de Montbrison. Les proconsuls arrivèrent à Clermont, le 29 août. Ils firent sonner le
tocsin dans toutes les communes, et par des
discours, des arrêtés, des menaces, parvinrent
à lever des troupes qu'ils organisèrent tant bien
que mal. A la tête d'une partie de ces troupes,
Maignet et Châteauneuf partirent pour Lyon,
bientôt suivi par Couthon, qui conduisait d'autres bandes armées. « J'arrive, disait-il, avec
mes rochers d'Auvergne, je vais les précipiter
sur Lyon ».

La ville succomba sous les efforts de ces mas-
ses venues de tous les côtés, le 9 octobre 1793;
la vengeance révolutionnaire fut terrible. L'échafaud, la fusillade, la mitraillade décimèrent les
habitants et la ville fut en grande partie détruite;
ce qui resta de l'opulente cité fut appelé Ville-
Affranchie. Une commission révolutionnnaire
fut établie pour rechercher les coupables et faire
des listes de proscription.

Cette commission avait à son service deux
tribunaux, l'un à Lyon, l'autre à Feurs. Les
juges, pris parmi les citoyens les plus farou-
ches, étaient coiffés de bonnets rouges, surmontés de panaches de même couleur. A leur cein-
ture pendaient deux pistolets et un cimeterre;

sur leur poitrine brillait en forme de décoration, une petite hache. Leurs jugements consistaient à faire deux ou trois questions à l'accusé, à jeter un coup d'œil sur les registres de dénonciations et à prononcer la sentence. Lorsque c'était une sentence de mort, le juge se contentait de toucher de la main la petite hache. C'était le signe convenu. Les deux tribunaux restèrent en exercice jusqu'au mois d'avril 1794, et ils envoyèrent à la mort des milliers de citoyens, pris non seulement parmi les insurgés, mais parmi les prêtres, les suspects qu'on leur conduisait de tous côtés.

Dans les premiers jours qui suivirent la prise de la ville, c'était par fournées de vingt, de quarante, de cent, de deux cents citoyens qu'on fusillait, qu'on mitraillait à la fois.

Collot d'Herbois, chargé de punir la cité rebelle, écrivait au puissant et terrible Robespierre de la Convention :

« Hier soixante quatre conspirateurs ont été fusillés ; aujourd'hui deux cents trente. Tous les jours nous en expédions autant pour le moins. A mesure qu'on fusille on fait des arrestations nouvelles, pour que les prisons ne restent pas vides ».

Dans une autre lettre au même il dit : « Il ne

faut laisser que des cendres; nous démolissons à coups de canon et avec la mine; il faut que Lyon ne soit plus... »

Parmi les victimes immolées dans cette malheureuse ville nous comptons un grand nombre d'Auvergnats qui, à tort ou à raison, furent accusés d'avoir participé à l'insurrection et pour ce fait mis à mort. Nous avons déjà signalé la mort tragique de Molin, de Chauty et de Dijon. Voici la liste des autres victimes :

De Vichy, Albert-Claude, ex-marquis, colonel de cavalerie, puis chef de brigade dans l'armée de Précy, arrêté six jours après la prise de la ville, fusillé le même jour, 15 octobre 1793.

De Provenchères de Chassaing, Claude-Gaspard, né à Auzerolles, Puy-de-Dôme, arrêté à Orange et condamné à mort par le tribunal criminel du département de Vaucluse, le 7 novembre 1793, âgé de 29 ans.

Sablon du Corail, Antoine, né à Riom, émigré à Coblentz, rentré en France pour soutenir le mouvement royaliste de Lyon, condamné et exécuté le 21 novembre 1793.

De Savaron, exécuté à Lyon en novembre 1793.

Boudier Pierre, né à Clermont, commis de la

municipalité de Lyon, exécuté le 4 décembre 1793, 30 ans.

Bichon Dominique, d'Aurillac, marchand à Lyon, mis à mort le 5 décembre 1793, 26 ans.

Legrand Guillaume, également d'Aurillac, négociant à Lyon, exécuté le 5 décembre 1793, 29 ans.

Ces deux derniers furent dénoncés à la Commission de Lyon, comme ayant servi dans l'armée rebelle, par leur compatriote Aliés, qui avait été envoyé à la Ville-Affranchie par le Comité révolutionnaire d'Aurillac. Granier de cette dernière ville fut aussi dénoncé, mais il s'échappa. (1)

Neuville Paul, de Clermont, emballeur à Lyon, fusillé le 5 décembre 1793, 35 ans.

Jusserand Étienne, né à Riom, marchand à Lyon, fusillé le 5 décembre 1793, 35 ans.

De Rigaud de la Terrasse, Aimé-Julien, réfugié à Lyon, un des combattants dans le parti royaliste, mitraillé aux Brotteaux, faubourg de Lyon, le 16 décembre 1793.

Culhat, Jean-Baptiste, de Clermont, négociant à Lyon, enrôlé sous le drapeau de l'insurrection, mitraillé aux Brotteaux, le 18 décembre 1793, 55 ans.

Grimardias, Jean-Pierre, né à Maringues, li-

(1) *Le Décadaire*, n° 11, p. 2.

quoriste à Lyon, mis à mort le 18 décembre 1793, 40 ans.

Passemart, Benoît, d'Ambert, cabaretier à Lyon, fusillé le 22 décembre 1793, 50 ans.

Trunel, Martin, d'Ambert, revendeur de denrées à Lyon, lieutenant dans l'armée insurrectionnelle, condamné à mort le 22 décembre 1793, 42 ans.

Coiffier de Terraules, de Tours, Puy-de-Dôme, arrêté à Ambert, conduit à Lyon, où il arriva le 27 décembre 1793, à dix heures du matin ; à une heure, il n'existait plus, 38 ans.

De Lespinasse Pierre-Gabriel, d'Aurillac, ingénieur à Montbrison, condamné à Lyon, où il arriva le 24 décembre 1793, 34 ans.

De Vertamy, Antoine-Gabriel, receveur de l'enregistrement, envoyé à Lyon et condamné le 29 décembre 1793, 61 ans.

De Viry, Jean-Marie, comte Artaud, du Puy-de-Dôme, ayant signé une protestation contre le 31 mai, fut arrêté dans l'Allier, avec 31 autres signataires, envoyé à Lyon, et tous condamnés à mort, le 30 décembre 1793 ; de Viry avait 62 ans.

Rollat Claude, d'Aigueperse, un de 32 signataires dont nous venons de parler, 24 ans.

Neuville Nicolas, fils ou neveu de Neuville,

Paul, comme lui emballeur à Lyon, éxécuté le 31 décembre 1793, 23 ans.

De Chevarrie, Joseph, de Montaigu, ex-receveur des tailles, condamné le 31 décembre 1793, 43 ans.

Mangeville de Vernassol, du Puy-de-Dôme, mis à mort à Lyon en 1793.

Villeret, Joseph, du Puy-de-Dôme, musicien à Lyon, condamné le 10 janvier 1794, 21 ans.

Daguillon, François, né à Maringues, domiciliée à Lyon, mitraillé le 22 janvier 1794, 47 ans.

Morange, Jean-Charles, né à Riom, exécuté le 17 février 1794, 28 ans.

Du Theil, Jean-Pierre, originaire du Theil, paroisse de Thiézac (Cantal), arrêté comme royaliste, conduit à Lyon et exécuté en février 1794.

André d'Aubières, Pierre, de Clermont, mitraillé à Lyon le 17 février 1794.

D'Alexandre, Blaize, émigré à Lyon et mis à mort le 14 mars 1794, 54 ans.

Mallet, Jean-Baptiste, aubergiste à Clermont, condamné à Lyon, le 22 mars 1794, 26 ans.

Nicolas, Antoine-Joseph, épicier à Riom, condamné le 19 mars 1794 avec une fournée de 145; tous mitraillés, 29 ans.

De la Rochette Pierre, natif de Saint-Flour, mitraillé avec les 145, 29 ans.

Parmi les condamnés à mort par les tribunaux de Lyon et de Feurs, on compte plusieurs prêtres du Puy-de-Dôme et du Cantal ; Carton, Guillaume, du Puy-de-Dôme, condamné par le tribunal de Feurs, le 3 décembre 1793.

Jeudy, François, né à Riom, frère carme, réfugié à Lyon, où il se fit distillateur, arrêté comme contre-révolutionnaire et mis à mort, le 21 décembre 1793.

Bruel, Louis, né à Aurillac, exécuté à Lyon, le 22 décembre 1793.

Chauliaguet, François-Gilbert, de Saint-Flour, capucin, exécuté à Lyon, le 9 janvier 1794.

Barrier, Claude, curé de Saint-Ferréol dans le Puy-de-Dôme, exécuté le 17 janvier 1794.

Aubier de Condat, Jean-Baptiste, né à Clermont, chanoine de la cathédrale de cette ville, réfugié à Lyon, exécuté le 11 février 1794.

Clément, Etienne, prêtre domicilié à Aigueperse, exécuté à Lyon, le 5 avril 1794, à l'âge de 46 ans.

Janvier, curé de Saint-Remy, Puy-de-Dôme, exécuté à Feurs, dans l'hiver de 1793 et 1794.

Pendant qu'on mitraillait à Lyon, on fusillait

à Bordeaux. Après le 31 mai, à la voix des Girondins réfugiés dans son sein, Bordeaux se révolta, mais bientôt, réduit par les armées de la Convention, il subit les atrocités de la plus implacable vengeance. D'innombrables victimes tombèrent sous les coups meurtriers des Jacobins victorieux. Là, comme à Lyon, plusieurs Auvergnats furent traînés à l'échafaud.

« Un certain nombre de Cantaliens, dit le président Boudet, ont été condamnés par la commission de Bordeaux. Ils appartenaient pour la plupart à cette classe d'émigrants qui reviennent dans le Cantal après avoir acquis un pécule dans les grands villes. Lorsque, après la chute des Girondins, la Convention fit traduire devant la Commission de Bordeaux tout ce qui était suspect de fédéralisme, les Cantaliens, fixés à Bordeaux se réfugièrent dans leurs montagnes. La Convention les y poursuivit, et les registres des délibérations du département portent des traces de ses réclamations. On lui en envoya quelques-uns :

Delribal, Guillaume, âgé de 39 ans, condamné à mort, le 9 juillet 1794, comme espion des aristocrates.

Mauriac, Henri, prêtre, âgé de 36 ans, condamné le 12 juillet 1794, comme réfractaire.

Roumigoux, Girard, commis-négociant, âgé
de 68 ans, condamné à mort, le 13 juillet 1794,
comme contre-révolutionnaire.

Vitrac, Antoine, homme de peine, âgé de 33
ans, condamné le 12 juillet 1794, accusé d'avoir
foulé aux pieds la cocarde nationale.

A ces quatre victimes, énumérées par Boudet,
ajoutons la suivante :

Jean-Pierre Teillard du Chambon, né à
Riom, où s'était établie une branche des Teillard,
de Murat, lieutenant de la garde nationale de
Bordeaux, selon le *Moniteur*, officier de gendarmerie, en résidence à Bordeaux, selon Prud-
homme, fut accusé d'avoir pris part au mouvement insurrectionnel de cette ville, après le 31
mai, d'être allé au dépôt de Libourne pour former la cavalerie d'une petite armée avec laquelle
il avait arrêté les représentants Montagnards
Boudot et Ysabeau, à la sortie du spectacle,
pour les conduire à la municipalité. Il fut arrêté,
en septembre 1793, et conduit au tribunal révolutionnaire de Paris, qui l'envoya à l'échafaud,
le 15 janvier 1794 (1).

(1) *Les Exécutés*, p. 149.
(2) *Tribunal révol. de Paris*, t. II., p. 358. *Moniteur*, t.
XIX, p. 231.

CHAPITRE XII

SUITE DU PROCONSULAT DE COUTHON DANS LE PUY-
DE-DOME. — LA FAMINE. — LE MAXIMUN. — LE
PARTAGE DES BIENS PRÊCHÉ PAR MONESTIER ET LA
SOCIÉTÉ POPULAIRE DE CLERMONT. — TROUBLES A
CE SUJET A BILLOM, AUTHEZAT, ROCHEFORT, DANS
LES MONTAGNES DE LHOLADE.

Nous avons donné une nomenclature relativement longue des victimes qui, par l'ordre de
Couthon et de Maignet, tombèrent à Lyon et à
Feurs, sous le couteau de la guillotine ou sous
le feu des fusillades. Bien d'autres victimes
encore furent immolées dans notre province.

Pendant les trois mois de son proconsulat
dans le Puy-de-Dôme, septembre, octobre, novembre 1793, Couthon, avant, pendant et après
son voyage à Lyon, ne discontinua pas sa lutte
contre le parti girondin, c'est-à-dire contre les
riches, les modérés, les aristocrates, les fanatiques, foulant aux pieds les principes même de la
nouvelle Constitution, épurant à sa manière les
administrations, destituant les fonctionnaires
rebelles à ses caprices.

Le 10 octobre 1793, la Convention décréta que le gouvernement de la France serait révolutionnaire, c'est-à-dire que l'exécution de la Constitution, promulguée le 14 juillet 1793, serait provisoirement suspendue, que le Comité du Salut public, établi dans son sein, gouvernerait selon son bon plaisir et qu'à ce Comité seraient soumis les ministres, les généraux, toutes les administrations.

Couthon se fit l'agent actif, violent de ce gouvernement terroriste ; il lança des arrêts furibonds contre des centaines de citoyens qui lui déplaisaient, et tourna sa rage inassouvie contre les châteaux, les clochers, les tours, les donjons, « pour soulager la terre humiliée de les porter. »

A ces maux innombrables venait s'ajouter la famine toujours croissante. Les grains manquaient aux marchés, ce qui occasionnait des troubles, des émeutes. Les propriétaires étaient traités d'accapareurs et leurs greniers pillés ; quelques-uns, spéculant sur la misère publique, vendaient leurs grains à un prix excessif.

Pour remédier à ces désordres, la Convention fixa un prix qu'on ne pouvait dépasser, le *maximum*.

Qu'arriva-t-il ? Le mal augmenta, car les propriétaires, ne pouvant fixer eux-mêmes le prix de leurs grains, ne se présentaient plus aux marchés. On ordonna des perquisitions dans les greniers ; on força les paysans à vendre leurs grains ; moyens insuffisants : la famine, loin de diminuer, augmentait. Dans cette détresse, montrant de la bonne volonté, les administrations de nos départements eurent recours à un autre moyen qui apporta quelques bons résultats. Elles envoyèrent dans les provinces éloignées des commissaires avec mission d'acheter des grains. Elles s'adressèrent même à la Convention et en obtinrent à plusieurs reprises des sommes relativement importantes, qu'elles employèrent à l'achat des provisions de première nécessité. Mais encore ici survenaient des difficultés inextricables. Le transport des grains était difficile à faire, car dans les localités que traversaient les chargements, la population s'ameutait, arrêtait les voitures et, malgré les gendarmeries appelées pour protéger le passage, elle s'emparait des grains et se les partageait.

La famine engendrait donc le désordre. Poussées par la faim, excitées d'autre part par les doctrines que leur prêchaient les patriotes exaltés, des bandes de nécessiteux se livraient au maraudage, aux rapines, au pillage.

Voici ce que l'apostat Monestier écrivait, le

23 février 1793, aux Sociétés populaires du Puy-de-Dôme :

« Vous leur direz (aux habitants des campagnes) que si la guerre offre des dangers, elle a aussi quelques avantages, qu'avant de partir, ils peuvent mesurer, arpenter les propriétés de leurs seigneurs et choisir celle qui, à leur retour, accroîtra la propriété de leur chaumière. Sans doute certains Français n'ont besoin pour aller en avant que de prévoir le jour où ils cimenteraient les bases de la liberté et de l'égalité avec le sang des despotes et de leurs satellites ; mais à d'autres il faut d'autres moyens, et ceux qui n'ont pas encore oublié qu'ils ne paient plus de dîmes et de cens, verront, sans doute, avec quelque convoitise, qu'ils peuvent encore accrocher une parcelle des champs et de la garenne de leur ci-devant comte ou marquis. Signé le franc républicain Monestier. » (1)

Plus tard, la *Société populaire* de Clermont, sous l'influence des amis de Couthon, alors dans leur triomphe, envoyait, le 25 novembre 1793, aux Sociétés affiliées du Puy-de-Dôme, une adresse où nous lisons :

« Sociétés populaires, dressez les listes d'imposition ; prenez dans toute son acception le mot

(1) *Les Conventionnels* par Boudet, pag. 174.

de *présumer* dont se sont servis les représentants du peuple, Couthon et Maignet.

Ces bons et dignes Montagnards vous ont donné par cette expression une arme sûre pour atteindre les riches insouciants et les égoïstes. Vous devez en effet présumer très considérables les propriétés mobiliaires de tous ceux dont la fortune est enfouie dans leurs portefeuilles et qui n'ont vu dans la Révolution qu'une concurrence de profits mercantiles ou de gains illicites. Vous devez, au contraire, présumer obérées les propriétés des patriotes.

Sociétés populaires, songez qu'il ne reste plus aux aristocrates que des richesses; arrachez-leur ces moyens de nuire ; ces trésors sont le patrimoine des pauvres ; reversez-les sur eux et vous remplirez l'intention des représentants du peuple ; vous acquitterez le vœu des sans-culottes et le premier devoir de la société... » (1)

Voilà la doctrine que l'on enseignait durant la terrible année 1793. Les aristocrates étaient *présumés* riches, et c'était un devoir de les piller ; les patriotes étaient présumés pauvres, et on les engageait à se partager les champs et les garennes des riches.

(1) *Les Conventionnels*, p. 176.

Sur plusieurs points on mit en pratique cette belle théorie, témoins les paysans du District de Billom, particulièrement ceux de la commune d'Authezat, qui s'insurgeaient pour opérer le partage des propriétés des émigrés ; il ne fallut rien moins que la force armée pour arrêter le pillage.

Le 17 et le 18 décembre 1793, plusieurs communes du canton de Rochefort, excitées par la disette des grains, forment un rassemblement d'environ quatre cents hommes armés et menacent la ville de la dévastation.

A cette nouvelle, le Conseil général du Puy-de-Dôme envoie un détachement de quatre cents hommes d'infanterie, de cent cinquante cavaliers et de deux compagnies d'artillerie avec quatre pièces de canon.

A la vue de ce déplacement de forces, les insurgés se dispersent sans opérer la moindre résistance. On les poursuit ; dix d'entre eux sont saisis et conduits en prison. Après une détention de six mois, ils adressèrent une supplique à Convention demandant leur mise en liberté. Chose étonnante, Couthon parla en leur faveur et ils furent renvoyés chez eux (1).

(1) *Moniteur*, t. XX, p. 442. Le *Puy-de-Dôme en 1793*, p. 353.

On voyait non seulement quelques paysans égarés se livrer ça et là à la dévastation, mais surtout des terroristes qui, sous prétexte de défendre la Constitution républicaine et de soumettre les récalcitrants aux principes de la Révolution, portaient partout le pillage et le désordre.

En 1793, les forêts d'Aubusson appartenant à M. de Chazerat, ancien intendant, sur les confins de l'Auvergne et du Forez, furent rasées par les révolutionnaires, qui envoyèrent, pour les faire mieux disparaître, des charbonniers, qui, en effet, ne laissèrent que le sol nu. Dans la même contrée, les plaines et les montagnes de Lholade furent parcourues par des bandes dévastatrices. « Vers l'automne de 1793, les terroristes du District de Thiers envoyèrent un corps d'armée qui campa pendant trois semaines sous les rochers de Pierre-Ronde. Les habitants de ces montagnes, accusés de receler les ci-devant prêtres et de haïr la Révolution, eurent à supporter toutes les réquisitions, les avanies et les perquisitions domiciliaires, qu'on pouvait attendre d'une bande armée, sous le régime de la Terreur. Une famille qui faisait le commerce des bois de sapin perdit dans cette étape inquisitoriale, plus de la moitié de ses bestiaux et deux cents chars de planches déposées près de ce bivouac républicain. Tous les principaux chefs de famille avaient fui dans les bois ou s'étaient cachés dans les antres des montagnes. Une troupe de Tartares n'aurait pas laissé de plus fâcheuses impressions que le passage momentané des fédérés de Thiers, dans la mémoire des vieillards qui en furent témoins, à une époque où Couthon et Javoge faisaient trembler l'Auvergne et le Forez. » (1)

« Si la terreur eut duré un an de plus, dit Marcellin Boudet, le dépouillement des propriétaires était essayé en grand. Ces idées socialistes, en 1794, ont plus que jamais cours dans les campagnes. Elles forment le texte des discours des chefs des Clubs et des Comités. Le paysan prête l'oreille; car ce sujet le touche infiniment plus que les droits de l'homme et la liberté de la presse. » (2)

(1) *Souvenir d'Auvergne*, p. 171 et 179.
(2) *Les Conventionnels d'Auvergne*, p. 246.

CHAPITRE XIII

VICTIMES DE LA RÉVOLUTION EN BASSE-AUVERGNE EN 1793 ET 1794. — LES CINQ ROLLAT. — LES CINQ ROUGANE. — LES QUATRE DE PONS — LES QUATRE DE BOST.

Poursuivons l'histoire des victimes de la Révolution en Basse-Auvergne, durant les années 1793 et 1794. Les mesures les plus sanguinaires furent appliquées, et les terribles arrêtés de Couthon exécutés avec une violence extrême.

Dans les cantons d'Aigueperse et de Cusset, sur les frontières du Bourbonnais, des familles entières devinront la proie de quelques sansculottes forcenés qui, par passion, par intérêt, par haine satanique de tout ce qui était honnête dans le pays, allaient les dénoncer aux représentants, aux administrations, aux Comités de surveillance.

Les quatre familles des Rollat, des Rougane, des de Pons, des du Bost fournirent à elles seules dix-huit victimes.

La famille Rollat habitait la ville d'Aigueperse ; son influence était grande dans le pays et sa fortune considérable ; elle avait occupé avec distinction les charges les plus honorables.

. C'était plus qu'il n'en fallait pour exciter la convoitise et la haine des patriotes. Cinq membres de cette famille furent dénoncés comme Girondins, comme royalistes, ce qui était alors un crime impardonnable.

Le premier qui tomba sous la hache révolutionnaire fut Claude Rollat, que Couthon envoya à la Commission de Lyon, laquelle l'envoya à la mort, le 31 décembre 1793. Nous en avons parlé.

Deux autres, Rollat, Sébastien, âgé de 52 ans, et son fils René, officier de dragons, âgé de 32 ans, accusés d'avoir des rapports avec les émigrés, furent arrêtés, envoyés à Paris, où le tribunal révolutionnaire les condamna à mort, le 29 germinal an II (18 avril 1794).

Yves-Louis Rollat, ancien lieutenant-général du bailliage de Montpensier, à Aigueperse, âgé de 51 ans, et son frère Jean, cultivateur, âgé de 42 ans, furent, en septembre 1793, l'objet d'un arrêté de Couthon, ordonnant leur arrestation. Des prisons de Riom on les envoya à Paris, où le tribunal révolutionnaire les condamna à mort, le 27 messidor an II (15 juillet 1794) (1).

La seconde famille mise à mort, sauf les femmes et les enfants, fut celle des Rougane, domiciliée, partie dans le Bourbonnais, partie en Auvergne. Les trois premiers membres immolés sont :

Jacques Rougane, dit Vichy, ci-devant inspecteur des marchandises anglaises à Dunkerque, âgé de 63 ans.

Jean Rougane des Paradines, ci-devant gendarme du roi, chevalier de Saint-Louis, âgé de 52 ans, frère du précédent.

Pierre Rougane de Bellebat, frère ou neveu des précédents, 31 ans.

Ils étaient accusés d'avoir tenu des conciliabules aristocratiques avec les familles de Pons et du Bost, d'avoir bu à la santé du roi de Prusse, etc.

Jacques aurait dit, après la mort du roi, « qu'on allait vivre maintenant dans une anarchie si grande que ce serait le plus fort qui gouvernerait ; que les Girondins étaient d'honnêtes gens et les autres des brigands. »

Jean se serait écrié, dans un moment où le

(1) Le Président Boudet — *Le Trib. rév. de Paris* t. 3, pp. 248-252 — t. 5, p. 32. Le *Moniteur* t. XXI, p. 276.

chanvre était cher : « Il y en aura toujours assez pour pendre les membres de la Convention, mais on ne pend pas des gueux comme ça. »

Pierre était accusé d'avoir tenu des discours tendant à la dissolution de la représentation nationale, etc.

Ces propos, plus ou moins authentiques, ces bavardages recueillis çà et là suffisaient pour conduire un homme à l'échafaud.

En effet, les trois Rougane, expédiés à Paris, furent condamnés à mort par le tribunal révolutionnaire, le 5 germinal an II (25 mars 1794).

Moins de deux mois après, un autre membre de la même famille, Claude-Constant Rougane, curé de Saint-Eutrope, à Clermont, puis ermite au Mont Valérien, à Paris, se cacha dans la capitale, mais découvert et saisi, il se montra, devant le tribunal, prêtre fidèle et courageux.

« Rougane, ex-curé et prêtre réfractaire, disait Fouquier-Tinville, l'accusateur public, a abandonné ses fonctions pour ne pas prêter le serment de 1790, c'est un des plus forcenés fanatiques et contre-révolutionnaire qui existent au sein de la République. »

Claude Rougane consomma son martyre, le 28 floréal, an II (17 mai 1794).

Enfin le cinquième de la famille, Étienne-

André Rougane, dit Prinsat, subdélégué et lieutenant de police du baillage de Cusset, fut arrêté
en même temps que Amable Feytard, entrepre-
neur des tabacs, et envoyé avec lui au tribunal
révolutionnaire de Paris. Le fait de correspondance avec les émigrés et des propos contre-révolutionnaires constituaient le principal fonds
des accusations portées contre Rougane Prinsat ;
ses explications et ses dénégations ne le sauvè-
rent pas. Ce vieillard de soixante-quinze ans
monta sur l'échafaud en compagnie de Veytard
et de plusieurs autres prétendus conspirateurs,
le 21 prairial an II (9 juin 1794), le même jour que
les quatre de Pons dont nous allons parler. (1)

La famille de Pons, possessionnée en Bourbonnais et en Auvergne, habitait Pragolin, près
Randon (Puy-de-Dôme). Elle était composée de
quatre membres : le comte Louis de Pons, père,
69 ans ; René de Pons, fils, 34 ans ; Elisabeth de
Pons, 63 ans ; Marguerite-Renée de Pons, 59
ans, ces deux dernières sœurs du comte étaient
d'anciennes religieuses.

Soupçonnés de royalisme ils furent tous arrêtés à Pragolin et envoyés par le District de Cusset au tribunal révolutionnaire de Paris, devant

(1) *Le Tribunal révolutionnaire*, t. III, p. 452 — t. IV,
p. 483 — Boudet — Guillon.

lequel ils comparurent le 21 prairial an II (9 juin 1794).

On reprochait au père de recevoir dans sa maison des parents contre-révolutionnaires, d'avoir dit que les princes étrangers viendraient en France, d'avoir montré de la répugnance pour les assignats, etc.

D. — Pourquoi préférais-tu l'argent aux assignats?

R. — Parce que, à cette époque, on préférait l'argent aux assignats.

D. — C'est ce qui t'obligeait à rebuter les assignats?

R. — Je ne rebutais pas les assignats.

D. — Tu aurais mieux aimé de l'argent?

R. — Cela m'était égal.

Préférer l'argent aux assignats était un crime digne de mort.

Le fils, René, avait servi dans la marine, aux Etats-Unis. Venu à Paris, en 1791, il offrit de servir dans la marine nationale. On ne lui répondit pas. On n'avait rien à lui reprocher ; mais il était noble, encore un crime digne de mort.

Ses tantes furent interrogées :

On demande à Elisabeth :

D. — Que faisais-tu avant la Révolution !

R. — J'étais dans mon cloître et je me conformais à la règle de mon état.

D. — Recevais-tu des papiers-nouvelles ?

R. — Aucun.

D. — Quelle a été ton opinion, lorsque tu as appris la loi portant suppression des ordres religieux ?

R. — J'étais fâchée de sortir de ma maison.

D. — Es-tu patriote ?

R. — Oui, de toute mon âme.

D. — Quelle a été ton opinion sur la loi portant abolition des cérémonies catholiques ?

R. — Cela ne m'a pas fait plaisir ; mais je n'en ai dit mot à personne et je me suis soumise a la loi.

D. — Tu étais donc attachée à tout ce cérémonial ?

R. — Oui.

D. — Quelles sont tes opinions religieuses ?

R. — J'aime Dieu de tout mon cœur.

Marguerite fut interrogée à son tour.

Le juge consigna les réponses au procès-verbal et envoya les quatre accusés au bourreau. Ce fut le 21 prairial an II (9 juin 1794), qu'ils montèrent sur l'échafaud en même temps qu'une fournée nombreuse de condamnés ; parmi lesquels Rougane Prinsat, comme nous l'avons dit. (1)

Parmi les patriotes qui terrorisaient le district de Cusset, le plus en vogue était un jeune avocat du tribunal, appelé Givois, révolutionnaire for-cené, aux plus basses convoitises, chef d'un Comité de sans-culottes, qui poursuivaient de leur haine sauvage tous ceux qui leur déplai-saient. Parmi les déplaisants se trouvaient les du Bost. Cette famille fort distinguée se composait, au moment de la Terreur, du père, Etienne Cha-pus du Bost, de la mère, Jeanne Daniel Tysas de Grandval, née dans le Puy-de-Dôme, de trois fils et d'une fille. Le père, procureur du Roi au baillage de Cusset, devint commissaire royal auprès du tribunal de la même ville. Dans ses nouvelles fonctions il défendit les droits de son Souverain, avec une constance innébranlable, ce qui attira sur lui et sa famille les foudres des patriotes surtout de Givois, qui convoitait sa fortune.

Pour faire arrêter cette famille, on chercha des prétextes, des motifs d'accusation, on en trouva. Les du Bost, disait-on, étaient attachés au tyran; ils fréquentaient les de Pons, les Rougane, chez lesquels on tenait des conciliabules contre la

(1) *Tribunal révolutionnaire de Paris,* t. IV, p. 157.

liberté et la sûreté du peuple ; le père,de du Bost avait fait afficher la proclamation du Roi, après l'événement du 20 juin 1792. Les deux fils aînés étaient accusés « de suivre leur père dans la carrière de l'aristocratie » ; ils avaient dit : « Nous les verrons venir ces patriotes. »

Naturellement la mère suivait aussi la carrière de l'aristocratie. A la mort, tous ces aristocrates !

Un jour on les arrêta, à Cusset, et on les conduisit dans les prisons de Moulins, chef-lieu du département de l'Allier, dont faisait partie alors le canton de Cusset, détaché de l'Auvergne. On ne laissa à la maison que deux jeunes enfants « le troisième fils si jeune, dit l'historien de la famille, et une petite fille si gracieuse et si charmante que la main militaire s'adoucit pour eux. On avait au surplus le projet de revenir à eux plus tard, quand « les louveteaux auraient grandi. »

Le représentant du peuple Verneret, envoyé dans l'Allier, ayant reconnu l'innocence des prisonniers et l'injustice de leur détention, les fit mettre en liberté.

Mais après son départ, Givois provoqua une nouvelle explosion de haine révolutionnaire et trouva moyen de les faire arrêter de nouveau. Et cette fois, pour qu'ils n'échapassent pas, il fit ordonner par le district de Cusset leur transport au tribunal de Paris. On les jeta à la Conciergerie et Fouquier-Tinville dressa son acte d'accusation, d'après lequel les du Bost sont coupables de conspiration royaliste et dignes de mort.

Le tribunal en effet les condamna à mort, le 23 prairial, an II (11 juin 1794). Madame du Bost avait 52 ans ; Claude-Gilbert du Bost fils aîné, 26 ans, Côme-Marie du Bost, second fils, 24 ans. C'est l'âge que porte le jugement ; mais dans une pétition que Marie du Bost, la jeune fille qui survécut, présenta au mois de mai 1795 à Guillerault, représentant du peuple, délégué dans le département de l'Allier, elle dit que ses deux frères, guillotinés avec son père et sa mère, avaient l'un 17 ans l'autre 16 ans. C'est là la vérité. Malgré la bassesse de leur âme, les juges bourreaux eurent sans doute horreur et honte de l'assassinat de deux enfants et pour couvrir leur infamie, ils portèrent dans leur prétendu jugement l'âge de ces enfants à 24 ans et à 26 ans.

Les biens de la famille du Bost furent en partie vendus nationalement, et Givois, pour une poignée d'assignats, presque sans valeur à cette époque, se fit adjuger un domaine de la valeur de trois cent mille francs. Voilà la cause du quadruple assassinat perpétré par ce scélérat. Le

peu de propriétés qu'on ne put vendre fut resti-
tué aux deux orphelins survivants. C'est une
justice à rendre à la Convention dans ses derniers jours.

En prison, les quatre du Bost, par leur résignation chrétienne, par leur innocence visible,
excitaient la compassion des geôliers et des
autres condamnés. — « Que pourrais-je faire
pour vous ? » leur dit un jour la sentinelle, les
larmes aux yeux. Au nom de tous la mère répondit : « Je n'ai qu'une chose à vous demander :
un prêtre !»

Le prêtre est introduit secrètement ; il entend
en confession tous les membres de cette famille
infortunée qui se prépare ainsi au martyre.

« Au pied de l'échafaud une lutte de générosi-
té sublime s'était un moment élevée entre les
époux et les enfants du Bost. Chacun d'eux voulait mourir le dernier pour éviter aux siens la
survivance. Madame du Bost l'emporta et voulut
être digne de la mère des Macchabées.

Trois fois donc, pour son époux et pour ses
enfants, elle entendit retentir dans le fond de
ses entrailles, ce terrible coup sourd de la hache;
trois fois elle vit tomber les têtes et jaillir le sang
de ces troncs palpitants et crispés par la mort ;
et cette femme, vraiment forte d'une force surna-

turelle, a vu trois fois se substituer les victimes chéries dans l'affreux appareil, pendant que, déroulant dans ses mains tremblantes un long chapelet, elle attendait que son tour vînt de livrer sa tête à ses bourreaux. »

Les deux enfauts survivant à la catastrophe de leur famille s'établirent dans le monde. Le garçon mourut à Riom, en 1886, à l'âge de 89 ans, laissant un fils unique, et ce fils unique se fit religieux dans la compagnie de Jésus (1).

(1) *Notice sur la famille Chapus du Bost* par M. Loisel d'Orange, avocat.

CHAPITRE XIV

VICTIMES DE L'A RÉVOLUTION EN BASSE-AUVERGNE DURANT L'ANNÉE 1794 (SUITE). — MICHEL FAURE. — BARTHÉLEMY. — DE RECLESME. — M. ET Mme ROLLET D'AVAUX. — LACODRE. — BARDY. — BOUILLÉ. — GÉRAUD. — ADMIRAL. — CHAMPEIX. — LEFÈVRE. VIGERIE. — LEMOINE. — BERNIAUD. — SALNEUVE. BRUNAIRE. — VICHY. — VARÈNES. — VIMAL. — SAUVADE. — GUILLOT. — COIRRIER. — MONNIER. — SAULZET. — LES ONZE RÉMOULEURS.

L'année 1794 fut aussi terrible, plus sanglante même que l'année 1793. Nous n'avons pas énuméré toutes les victimes tombées à cette néfaste époque ; nombreuses elles furent en 1794, en Basse-Auvergne ; voici quelques détails sur ces immolations :

La mort du roi avait excité dans l'âme des paysans d'Auvergne une stupeur profonde et une sourde indignation. Plusieurs laissèrent apercevoir l'horreur que leur causait cet attentat.

De ce nombre fut un honnête cultivateur du village de Chanonet, commune de Briffons, district de Clermont ; ce paysan nommé Michel Faure, après le labeur de la journée, dit Marc de Vissac. rentrait au logis et l'on récitait la prière du soir en famille ; il lisait tout haut quelques pages du catéchisme où le livre des évangiles. Comme on l'aimait parce qu'il était bon et serviable, sept ou huit habitants du hameau venaient parfois se joindre à la veillée et profiter de ces pieuses lectures. .

Un jour on apprit que Louis XVI avait été immolé à Paris. Le soir de ce jour, dans la chaumière du paysan, on ajouta à la prière un chapelet et un *De profundis* pour le roi, le père du peuple. Ce n'était pas un bien grand criminel que Michel Faure et il ne compromettait guère la sécurité de la République. Mais les Jacobins de 1794 en jugeaient autrement.

Le paysan de Briffons, disaient-ils, était un fanatique déterminé ; il ne portait pas de cocarde, on l'avait vu avec une pince remailler un chapelet, il avait naguère donné deux chemises pour les volontaires, en indiquant qu'il eût préféré les donner au nom de Dieu qu'au nom de la Nation... » (1)

Bref, la municipalité d'Heume-l'Eglise, pa-

---

(1) Le tribunal criminel du Puy-de-Dôme, p. 186.

roisse voisine, pour manifester son patriotisme, dénonce Michel Faure, qui est arrêté dans sa maison avec sa femme, Françoise Hayraud, son beau-frère et Jeanne Revel, sa voisine.

Ces deux derniers sont mis en liberté. Faure et sa femme sont envoyés au tribunal criminel de Clermont, qui acquitte la femme et condamne le mari à mort, dans sa séance du onze germinal an II (31 mars 1794.) Faure crie : Vive le roi! Il fut exécuté le lendemain 1ᵉʳ avril.

« Il conserva en allant à l'échafaud, dit le président Boudet, la même attitude, simple et résolue. Son histoire était connue, le courage séduit toujours et la bravade qu'il avait lancée à la tête des représentants d'un régime abhorré lui avait valu les sympathies passionnées du peuple des campagnes.

Une foule énorme de paysans était descendus de la montagne et l'escortait dans les rues qui conduisaient de la prison à la halle au blé, devant laquelle l'exécution devait avoir lieu ; le peuple de la ville suivait derrière ; Faure disait son chapelet en marchant avec une sérénité recueillie. La foule attendrie criait : Grâce ! grâce ! avec des clameurs croissantes. Puis elle entoura le bois de justice, elle déborda les gendarmes et menaça de délivrer le pauvre paysan de Briffons.

Le cortège était arrêté ; un mouvement populaire commençait ; en prévision des événements on avait fait venir l'exécuteur de l'Allier pour seconder son collègue de Clermont ; on dit qu'ils étaient tous deux ébranlés. Aussitôt on alla prévenir le délégué du représentant du peuple ; il vint, la figure menaçante, et, gourmandant les agents de la force publique, il fit passer outre, en sa présence, à la décollation. On ne put empêcher les femmes de se ruer au bas de l'échafaud et de tremper leurs mouchoirs dans le sang de Faure. » (1)

Le 4 floréal, an II (23 avril 1794), furent condamnés à mort par le Tribunal révolutionnaire de Paris où ils avaient été conduits, Antoine Barthélemy, de Riom, agent national à Gannat, et François Abraham de Reclesme, du Puy-de-Dôme, pour avoir, le premier, apposé une affiche contre-révolutionnaire, discrédité la Société populaire et le Comité de surveillance de Gannat, le second, parce qu'il avait un fils dans l'ordre de Malte et qu'il avait dit « qu'il était impossible que le gouvernement républicain se maintînt longtemps, que dans un gouvernement popu-

---

(1) *Les Exécutés*, p. 51. — *L'Auvergne chrétienne*, p. 380.

laire les autorités s'entrechoquaient et se nuisaient réciproquement. »

Ces faits et propos plus ou moins établis conduisirent ces deux Auvergnats à la guillotine.

Le mois suivant deux autres victimes montèrent sur l'échafaud :

Jacques-Amable Rollet d'Avaux, né à Riom, ancien président de la Sénéchaussée de cette ville, se voyant suspecté à cause de sa fortune et de ses opinions politiques, chargea, par prévoyance, ceux de ses domestiques en qui il avait confiance de cacher dans un puits, près de son hôtel, à Riom, une somme considérable. Ces deux malheureux, succombant à la tentation de s'emparer du trésor, allèrent dénoncer leur maître, l'accusant de cacher des prêtres dans sa maison. En conséquence le District de Riom ordonna une perquisition chez M. D'Avaux. On ne trouva pas de prêtres, mais on mit la main sur quelques lettres de Mgr de Bonal, datées de son exil. M. d'Avaux était donc en relation avec les émigrés ; or c'était là un crime digne de mort.

Ordre fut donné d'arrêter le coupable et de l'envoyer à Paris, ce qui fut exécuté ponctuellement.

Après le départ de M. d'Avaux, tout ce qu'il y avait de vauriens dans Riom se rua sur son hôtel, le pilla et, l'histoire du trésor caché s'étant ébruitée, on fouilla dans le puits où l'on trouva quelques pièces d'or égarées, preuve évidente du trésor caché. Plus tard les deux serviteurs infidèles achetèrent des propriétés pour des sommes tellement disproportionnées avec leurs ressources personnelles que le public ne douta plus de leur fraude criminelle.

Madame d'Avaux, Adrienne-Françoise de Villaines, originaire du Bourbonnais, n'était point comprise dans le mandat d'arrêt lancé contre son mari ; mais saisie d'une héroïque sentiment de tendresse, elle ne voulut pas laisser partir seul pour Paris son époux, vieillard maladif, presque infirme et aveugle.

Ils partirent donc ensemble dans une mauvaise charrette, escortés de gendarmes, et arrivèrent tristement dans la capitale où ils ne tardèrent pas à paraître devant le Tribunal révolutionnaire qui, ne voulant pas séparer la femme du mari, les condamna tous les deux à la peine de mort, le 24 floréal, an II (13 mai 1794).

En allant au greffe, où se faisait la toilette des condamnés, Madame d'Avaux prit son mari par la main et le conduisit. Monsieur d'Avaux lui dit : « Madame où me conduisez-vous ? » Avec une grande douceur, elle lui répondit : « En Paradis ».

Le 30 du même mois de mai (11 prairial an II), le Tribunal révolutionnaire de Paris fit abattre les têtes dé trois Auvergnats, Dauphin de Leyval, dont nous avons parlé, Jean Put, que nous inscrirons sur la liste des victimes du Cantal, et Marcel de la Lacodre, natif de Saint-Pourçain, bailli des religieux de cette ville, tous les trois accusés de conspiration contre la liberté du peuple, voulant anéantir sa souveraineté, dissoudre l'Assemblée nationale et provoquer la royauté (1).

Le 9 juin 1794, fut condamné à mort par le tribunal de Paris Veytard-Font-Bouillant, âgé de 57 ans, né à Gannat, distributeur de tabac, à Cusset, accusé d'avoir tenu des propos contre-révolutionnaires.

Le 12 juin (24 prairial an II), monta sur l'échafaud, à Paris, Benoît Bardy, âgé de 41 ans, montreur de curiosités et marchands d'almanachs, né en Auvergne. On lui demanda quel était le motif qui l'avait porté, en montrant ses curiosités, à dire que l'on avait fait la chasse aux lièvres et aux lapins, mais que ceux qui avaient

(1) *Moniteur*, t. 20, p. 635. *Les Exécutés*, p. 43.

été les maîtres le seraient encore. Il répondit que se voyant insulté et assailli à coups de pierres, il avait simplement demandé si on le prenait pour un noble ou un lapin.

D. — Pourquoi as-tu été maltraité?

R. — Parce que au nombre des curiosités que je faisais voir, se trouvait une estampe de Capet, le représentant à la guillotine.

Ces bavardages méritent la mort et on la lui donne. (1)

Le mois de juin fut fertile en assassinats juridiques : Antoine Bouillé, de Cusset, accusé par une femme d'avoir dit que dans les clubs il n'y avait que des scélérats et des fainéants, fut arrêté, conduit à Paris où il monta à l'échafaud le 17 juin 4794 (29 prairial an II), avec plusieurs autres accusés parmi lesquels se trouvait Robert Antoine-Géraud de Cusset, médecin des eaux de Vichy, accusé de donner indûment des certificats aux malades, etc. Il se défend en disant qu'il n'a signé que les passeports des citoyens qui étaient en règle, qu'il n'a vu aucun prêtre se cacher à l'hôpital de Vichy, qu'il a souvent grondé les sœurs de ce qu'elles refusaient de prêter serment, qu'il a toujours obéi aux lois et aimé la République.

(1) *Trib. rév. de Paris.* t. 4, p. 488. *Moniteur* t. 21, p. 16.

. L'interrogateur lui répond qu'il est un menteur, qu'il n'a pas suivi le char de la révolution, mais bien celui de l'aristocratie. Digne de mort et on le tue. Giraud avait une servante, Antoinette Gagnolet, sa cuisinière depuis vingt-quatre ans. Elle est arrêtée et menée devant le Tribunal révolutionnnaire de Paris. On l'interroge :

Demande. — Es-tu patriote ?

Réponse. — Oui.

D. — Quelle a été ton opinion sur la suppression du cérémonial de l'Eglise et des prêtres ?

R. -- J'ai trouvé bon ce que la Convention avait fait...

Elle mourut en prison, ce qui dispensa de la tuer. (1)

Voici une victime de l'exaltation anti-révolutionnaire : Admiral ou Ladmiral Henri, né à Auzolet, District d'Issoire, ancien garçon de bureau à la loterie, ancien serviteur de la famille du ministre Bertin, inspiré par la pensée de mettre un terme à la Terreur, résolut de tuer Robespierre. C'est au Comité du Salut public qu'il voulut l'immoler. Il s'informa donc de

(1)*Trib. rév. de Paris,* tom. 4 pag. 211.

l'heure où le tyran se rendait au Comité. Après avoir déjeuné il monta dans une tribune de la Convention et, après la séance, il gagna la galerie qui conduisait à la salle du Comité et se tint à côté de la porte d'entrée, attendant Robespierre; mais il ne vint pas. Admiral sortit et alla au café où il joua et où il soupa, après quoi vers onze heures de la nuit, il se rendit chez lui. Il habitait précisément la même maison que Collot d'Herbois, le destructeur de Lyon. C'est encore là un tyran, se dit Admiral. A défaut de Robespierre, tuons celui-ci. Il s'arma de deux pistolets et alla attendre sur l'escalier Collot d'Herbois qui n'était pas encore rentré.

Vers une heure après minuit la porte s'ouvre. Collot paraît.

— « Scélérat, s'écrie Admiral, arrête là, voici ta dernière heure! » et il tire sur lui. Collot légèrement atteint s'enfuit en criant : « On m'assassine. »

Admiral remonte dans son appartement, essaie de se tuer mais le fusil ne part pas. La garde arrive et se saisit de lui.

Robespierre et ses amis crurent à une vaste conspiration ourdie contre leur vie. Cinquante-quatre personnes de toute condition sont arrêtées, condamnées à mort avec Admiral; les victimes

sont couvertes de chemises rouges et les cha-
rettes qui les portent à la barrière du Trône,
lieu de l'exécution, mettent à arriver trois heures, à travers les rues de Paris, au milieu d'une
foule immense frappée de stupeur. C'était le 29
prairial, an 11 (17 juin 1794).

Couthon à la tribune de la Convention renia
solennellement Admiral, au nom de son département et à la même époque, il écrivait dans une
lettre ces mots étranges dans sa bouche :
« Quand on est gardé par la Providence et la
vertu du peuple on est bien gardé. » (1)

Jean-Baptiste Champeix, né à Saint-Anas-
tase dans le Puy-de-Dôme, élève en chirurgie,
était accusé d'avoir été à Lyon pendant le siège
et d'y avoir porté les armes contre la république ; arrêté et envoyé à Paris, il s'expliqua
devant le Tribunal révolutionnaire, disant qu'à
la vérité il était allé à Lyon, mais qu'il avait été
malade et qu'après son rétablissement, il s'était
caché. Ses explications ne furent pas acceptées
et il monta sur l'échafaud, le 23 juin (5 messidor
an 2), avec un grand nombre d'autres malheureux citoyens français. (2)

(1) *Tribunal réo. de Paris* tom. 4 p 1 — 215 — 256 — 535.

(2) *T. réo. de Paris* tom. 4 p. 506.

Huit jours après la sanglante immolation des cinquante-quatre prétendus conspirateurs, la hache révolutionnaire s'abattait sur plusieurs têtes de citoyens également prétendus coupables parmi lesquels Jean Lefèvre, de Clermont, jeune chapelier qui, pour échapper au recrutement, avait voulu se faire perdre un œil. Dénoncé par l'herboriste auquel il s'était adressé pour cette opération et par un agent de police caché dans la boutique, il fut condamné à mort par le tribunal de Paris pour ce fait, et pour avoir couvert de mépris les volontaires. Il monta sur l'échafaud le 25 juin (7 messidor an II) (1). Nous voici arrivés au mois de juillet, c'est le mois des grandes hécatombes.

Pierre Vigerie, né au Vernet dans le Puy-de-Dôme, menuisier, accusé de détourner les jeunes gens du service militaire, fut arrêté; et de Clermont envoyé à Paris. Dans son interrogatoire il confessa généreusement sa foi religieuse et sa sa foi politique. Il avoua qu'il avait un Nouveau Testament et qu'il l'expliquait aux autres. On lui offrit une cocarde, il répondit « n'en pas vouloir. » On lui demanda « s'il préférait un roi au gouvernement républicain. » Il répondit qu'il préférait un roi. Digne de mort, il fut du

(1) T. rev. de Paris tom. 4 p. 512. — Monit t. 21 p. 96.

nombre des guillotinés du 5 juillet (17 messidor an II). Il avait trente-six ans. (1).

Le 7 juillet fut condamné à mort par le même tribunal de Paris, Alexandre Lemoine-Trévy, de Clermont, âge de 59 ans, ex-garde du Garde-Meuble, accusé d'avoir conspiré contre la liberté. Il fut exécuté dans une fournée de soixante condamnés, laquelle fournée fut suivie le lendemain et le surlendemain d'une autre de cent victimes. (2).

La guillotine ne chomait pas dans Paris.

Le 13 juillet, elle tranchait la tête d'une pauvre femme Françoise Périer, veuve Saint-Hilaire, laquelle dirigeait à Clermont, sa ville natale, une entreprise de voitures.

Un jour elle alla chez un épicier demander de la chandelle; l'épicier lui dit: « Citoyenne, avez-vous un billet? si vous n'en avez pas, je ne puis vous en donner. » Elle lui répondit : « On m'a ruinée depuis que nous sommes gouvernés par de la foutue race; quand les clubistes passent devant ma porte, je les insulte et ils ne me disent rien parce que je n'ai pas de biens; si j'en avais, il y a longtemps que je serais enfermée! »

(1) *Les Exécutés,* p. 140.

(2) Le *Moniteur,* tom. 21 p. 191.

Ces propos rapportés furent la cause de sa mort.

Le surlendemain, 15 juillet, Jean Berniaud, du Puy-de-Dôme, maçon et charpentier, arrêté pour avoir dit « que dans quinze jours il y aurait du nouveau, que les patriotes seraient foutus et l'Assemblée Nationale détruite, » fut envoyé à Paris et exécuté en même temps que Yves et Jean Rollat, dont nous avons parlé.

Le même jour aussi fut supplicié Jean-Baptiste Salneuve, né à Aigueperse, ancien employé dans la compagnie des Indes, arrêté et condamné pour propos contre-révolutionnaires. Sa femme le suivit à Paris ; elle se présenta devant Fouquier-Tinville et lui demanda un mot de recommandation en faveur de son mari pour le substitut du tribunal. Fouquier lui donna un billet ambigu et elle se retira heureuse, croyant emporter le salut de son mari, tandis qu'elle n'emportait que son arrêt de mort.

Trente condamnés furent guillotinés en même temps que Salneuve (1).

Le 17 juillet, condamnation à mort par le tribunal de Paris et décollation de Pierre Brunaire, caporal au premier bataillon à Brioude.

(1) Le président Boudet. *Le Tribunal révolutionnaire de Paris* et le *Moniteur universel.*

Un jour quelqu'un le narguant lui dit qu'on le mettrait à la lanterne et que *ça irait.* Il répondit « Je m'en fous et *ça n'ira pas !* je ne désire pas mieux que de mourir pour le roi ! » En prison et à la guillotine ! Le même jour à Clermont, condamnation par le tribunal criminel du Puy-de-Dôme et exécution de Jean-Baptiste Vichy, d'Aigueperse, engagé dans l'armée autrichienne, rentré en France et arrêté à Nevers.

Le 25 juillet, le Tribunal révolutionnaire de Paris condamne à mort Etienne-François Varènes, âgé de 56 ans, né à Clermont, ancien capitaine de dragons. Il avait un fils émigré et il s'était plaint de ne pouvoir aller auprès de son roi.

On lui attribuait en outre certaines lettres suspectes. Le Président Boudet signale parmi les victimes du tribunal du Puy-de-Dôme, un certain J.-B. Vimal, papetier à Ambert, âgé de 78 ans. Marc de Vissac, dans son *Histoire du tribunal criminel du Puy-de-Dôme,* fait remarquer qu'aucun personnage de ce nom n'a été condamné à mort par le tribunal du Puy-de-Dôme. Il est sans doute question, ajoute-t-il, de ce Vimal dont parle le *Moniteur* en ces termes : « MM. Vimal, l'abbé Sauvade et Guillot, coopérateurs de la fabrique de faux assignats, découverte à Passy, ont été exécutés lundi, 27 août

1792. L'exécuteur prenant la tête d'un des crimi-
nels pour la montrer au peuple, est tombé de
l'échafaud ; il est resté mort sur la place. » (1)

On guillotinait à Paris, en Auvergne, partout,
même en Belgique.

Deux Auvergnats Coirrier, de Clermont et
Etienne Monnier, jardinier à Beauregard, furent
mis à mort en 1794 par la commission militaire
de Bruxelles, comme émigrés rentrés.

Boudet signale parmi les victimes un certain
Saulzet, de Lempdes, sans détails.

Dans le département du Pas-de-Calais, sous
le proconsulat du représentant du peuple, Le
Bon, à Arras, onze Auvergnats allaient de village en village exerçant leur métier de chaudron-
niers, de rémouleurs. Ils entrèrent en Belgique,
cherchant de l'ouvrage. De retour en France,
dans le Pas-de-Calais toujours allant et venant
de maison en maison, ils sont regardés comme
émigrés rentrés, mis en arrestation, condamnés
par le tribunal criminel du département du Pas-
de-Calais et impitoyablement exécutés tous les
onze (2).

La mort de Robespierre le 27 juillet 1794,
ralentit la fureur des exécutions.

(1) *Moniteur*, tome 13, p. 553 — *Tribunal de Clermont*, p. 127.
(2) *Les Représentants en mission*, par Wallon, t. V, p. 89.

CHAPITRE XV

PRÊTRES DU PUY-DE-DÔME MIS A MORT EN 1793 ET 1794. — ABOLITION DU CULTE CONSTITUTIONNEL. — FERMETURE DES ÉGLISES. — DÉMOLITION DES CLOCHERS.

Dans les chapitres précédents nous sommes entrés dans quelques développements sur la mort des victimes laïques du Puy-de-Dôme en 1793 et 1794. Quant aux victimes ecclésiastiques, nous nous contenterons d'en donner la liste sans entrer pour le moment dans aucun détail.

Plusieurs ont été nommées dans les chapitres précédents, nous les rappelons ici pour avoir une liste complète.

Aubier de Condat, Jean-Baptiste, chanoine de Clermont, exécuté à Lyon.

Barrier, Claude, exécuté à Lyon.

Bravard, curé des Vans, massacré dans l'Ardèche.

Breuil, Jean, exécuté dans la Haute-Loire.

Brugière, Jean, exécuté à Clermont.

Carton, Guillaume, exécuté à Paris.

Chantemerle, Amable-Benoît, curé de Mazioire. exécuté à Paris.

Clément, Etienne, fusillé à Lyon.

Freteyre, massacré aux Carmes.

Jamot, François, condamné par let ribunal de Clermont.

Janvier, exécuté à Feurs.

Jeudy, François, carme, mis à mort à Lyon.

Malleret, Gilbert, diacre, condamné par le tribunal du Puy-de-Dôme.

Morand, Jean-Antoine, mis à mort dans la Sarthe.

Mosnier, Jean-Baptiste, condamné et exécuté au Puy.

Perron, Michel-Jean, diacre, exécuté à Lyon.

Pirent, Antoine, exécuté à Paris.

Rougane, Claude-Constant, mis à mort à Paris.

Segrettier, Louis-Joseph, massacré à la frontière.

Dorat, Isabeau, religieuse dominicaine, exécutée au Puy.

De Pons de Pragoulin, Elisabeth, chanoinesse de Lavesne, exécutée à Paris.

De Pons de Pragoulin, Marguerite, religieuse, exécutée à Paris.

Les prêtres que l'on ne tuait pas, on les déportait sur les bords de la mer, dans les vaisseaux, à Bordeaux, à Blaye, à la Rochelle, d'où on devait les envoyer dans les déserts de la Guyane, sur l'océan américain.

Sur quatre cent trente-un prêtres du Puy-de-Dôme et du Cantal déportés, quatre-vingts moururent de misère, de faim ou de la maladie de scorbut, entassés dans des vaisseaux ravagés par la peste.

L'Église catholique était donc morte ; l'église constitutionnelle seule vivait, mais misérable, méprisée, à peine debout au milieu des populations hostiles. La Révolution qui ne voulait ni de l'une ni de l'autre, après s'être débarrassée de la première, se débarrassa bientôt de la seconde. Par des décrets successifs la Convention exigea du clergé constitutionnel l'abandon de ses fonctions religieuses et ordonna la fermeture des églises et la cessation de tout culte. Ces lois eurent leur plein effet dans le Puy-de-Dôme. Le 24 brumaire an II (14 novembre 1793), Couthon et Maignet portèrent l'arrêté suivant :

« Article 1er. — Les titres d'évêque, de curé, de vicaire, et tous les autres titres de ministres publics dans un culte quelconque sont supprimés.

Art. 2. — La Nation ne reconnaissant pas de

culte dominant, le traitement payé jusqu'à ce jour à certains ministres du culte est également supprimé.

Art. 3. — Tout ce qui existe dans les églises en effets et ornements précieux, en matière de cuivre, fer, plomb et autres, sera retiré sur-le-champ, porté aux administrateurs de district qui l'enverront à l'administration du département et celle-ci fera passer le tout à la Convention nationale.

Art. 4. — Les étoffes des églises autres que celles brodées en or et en argent, après qu'elles auront été dépouillées des galons d'or et d'argent, seront réparties à celles des jeunes personnes du sexe qui se seront le mieux distinguées dans le cours de la Révolution par leur vertu et leur attachement constant à la cause de la liberté et de l'égalité.

Art. 5. — Tous les signes extérieurs de quelque culte que ce soit seront détruits sur-le-champ. Les cloches seront descendues et transportées de suite au chef-lieu du département pour être transformées en canons. Les clochers seront immédiatement abattus... Signé : Aristide Couthon, Maignet. »

Six jours après cet arrêté, à Clermont, les statues des saints et les objets religieux de toutes les églises furent brûles sur la place de Jaude, en présence des trois représentants Couthon, Maignet et Goupilleau de Fontenay, qui prononcèrent des discours « très éloquents et très philosophiques ».

Le soir la ville fut illuminée « pour éclairer la nuit le triomphe de la raison ».

On ne s'arrêta pas à ce premier exploit. Les deux clochers de la cathédrale furent démolis, ainsi que celui de Notre-Dame du Port. Les églises de Saint-Genès, de Saint-Pierre, de Saint-André, de Saint-Allyre, des Jacobins et une foule de chapelles, à Clermont, tombèrent sous le marteau démolisseur. Il en fut de même dans le département ; plusieurs églises furent démolies, plusieurs clochers abattus.

On en sauva pourtant un certain nombre ; partout les populations se montraient hostiles, irritées de ces destructions, de ces sacrilèges abominables, de ce vandalisme affreux qui s'attaquait aux plus belles œuvres de l'art chrétien.

Pour vaincre cette résistance, les districts nommaient des commissaires, lesquels parcouraient les communes et forçaient les municipalités à faire démolir.

Ils étaient bien mal reçus.

« Partout, dit Mège, les commissaires rencontrèrent du mauvais vouloir. En beaucoup de localités, ce mauvais vouloir se traduisit même en injures et voies de fait.

A Saint-Just de Baffie, dans le district d'Ambert, à Bagnols, dans le district de Besse, à Lempdes, près Clermont, des rassemblements se formèrent. Les autorités furent insultées, menacées ou frappées, et durent prendre des précautions pour éviter de plus graves sévices. A Lempdes, quelques habitants essayèrent même de former une ligue défensive avec les villages voisins.

A Picherande, le district de Besse fut obligé d'envoyer des détachements de garde nationale pour faire exécuter les arrêtés.

A Ars, district de Montaigut, à Jumeaux, près Issoire, à Saint-Hérent, à Dauzat sur Vodable et dans d'autres communes encore, les commissaires furent reçus et poursuivis à coups de pierres et ne purent procéder à leurs opérations qu'avec l'aide de la force armée. A Gouttières, canton de Saint-Gervais, ils trouvèrent, à leur arrivée, l'église entièrement dépouillée. Tout, jusqu'aux cloches, avait été enlevé et mis à l'abri des profanations.

A Saint-Nectaire, le jour où les commissaires parurent dans la commune, des fidèles forcèrent les portes de l'église et emportèrent bon nombre de statues et d'objets sacrés qu'ils cachèrent dans les souterrains de l'ancien château,

A Comprains, aucun ouvrier ne voulut prêter son assistance soit pour déménager l'église, soit pour descendre les cloches et abattre le clocher, et personne ne se présenta pour acheter les objets ayant servi au culte.

Il nous serait facile de multiplier les exemples.

On ne se contenta pas d'envoyer des commissaires pour démolir les églises et les clochers, on en envoya pour démolir les idées religieuses, le dogme catholique.

Couthon ordonna aux sociétés populaires de former des comités d'instruction publique, pépinière de prédicateurs qui devaient se répandre dans les campagnes et prêcher l'évangile révolutionnaire. En effet, il en fut ainsi. Ces voirs, les vertus civiques, lisaient les décrets de la Convention et les commentaient.

Ces missionnaires n'eurent pas de grands succès.

« Pour ne citer qu'un fait, dit Mège, les membres de la *Société montagnarde* de Beaumont, alors chef-lieu de canton, jugèrent un jour opportun d'envoyer catéchiser leurs voisins peu révolutionnaires du village de Ceyrat. Six commissaires, désignés à cet effet, se transportèrent donc, certain décadi, à Ceyrat, pour prêcher le plus pur républicanisme, *l'amour de la patrie et des lois.* Ils demandèrent que les habitants fussent convoqués à son de caisse. Les autorités municipales firent la sourde oreille ; ils parcoururent alors eux-mêmes le village pour recruter des auditeurs. Ce fut en vain. Ils eurent beau exhorter, prier, prodiguer les invitations, ils ne purent décider personne à venir écouter leur prône dans l'église. Bien plus, on fit le vide sur leur passage. La plupart des habitants, craignant un conflit, se renfermèrent chez eux sans mot dire. Mais quelques-uns, plus hardis, répondirent en traitant les commissaires de damnés, d'huguenots, de f... canailles, et en criant *qu'on ne voulait pas entendre prêcher la religion des patriotes.* Force fut donc aux envoyés de Beaumont de revenir chez eux comme ils étaient partis.

« On nous a fait attendre, disent ces commissaires, jusqu'à quatre heures du soir dans la ci-devant église, sans que personne se soit mis en peine de venir nous entendre, malgré les invitations multipliées que nous avons faites, soit au maire, soit à l'agent national de nous amener au moins une vingtaine d'auditeurs. — A quatre heures, nous avons de nouveau sommé le maire au nom de la patrie et par les termes les plus tendres, de nous aller chercher douze personnes à son choix pour nous entendre, qu'ensuite nous nous retirerions contents. Il ne nous a rien répondu... »

Après le départ de Couthon et de Maignet, Châteauneuf reparut dans le Puy-de-Dôme, puis dans les premiers mois de 1794 parut un autre représentant, Roux-Fazillac, qui, comme ses prédécesseurs, poussa vigoureusement la lugubre besogne de l'abolition de tout culte en même temps que la guerre acharnée contre les prêtres et les honnêtes gens. C'est alors qu'eurent lieu les grandes exécutions du tribunal révolutionnaire du Puy-de-Dôme dont nous avons parlé.

PIÈCES JUSTIFICATIVES

Administrations du Cantal

Membres du Conseil général du Cantal pour l'année 1792-1793, dans l'ordre de leur élection qui eut lieu le 7 septembre 1792, par les électeurs du Cantal, réunis à Aurillac pour le choix des députés à la Convention.

Jean-Antoine Destanne, d'Aurillac.

Joseph-Thomas Lafont, juge du tribunal du district de Saint-Flour.

Guillaume Vaurs, d'Arpajon.

René Tournier, de Murat.

Antoine Pommier, homme de loi à Pleaux.

Antoine Vidal, notaire à Saint-Christophe.

Pierre Bernard, avoué près le tribunal du district de Saint-Flour.

Pierre Bastide, aîné, de Montsalvy.

Jean-Baptiste Fau, de Leynhac.

Pierre Vaissier, vicaire épiscopal de Saint-Flour.

Hugues Boisset, de Laroquebrou.

Jean-François-Bonaventure Teillard, de Murat.

Pierre Demoussier, de Chastel.

Antoine Salsac, de Fontanges.

Pierre Ganilh, d'Allanche.

Jean-Louis Bladier, de Boursenat.

Alteroche, de Massiac.

Martial Pons, d'Allanche.

Grandet, juge de paix de Chaudesaigues.

Antoine Benoît, d'Allanche.

Jean-Joseph Milhaud, aîné, d'Arpajon.

Daude, de Moulinges.

Antoine Chabrier, de Marcenat.

Pierre Destaing, père, d'Aurillac.

Boyer, de Condat.

Ferluc, de Tanavelle.

Michel Genestou, de Condat.

Jean-Antoine Deprades, de Trizac.

Jean-Baptiste Armand, d'Antignac.

Jean-Baptiste Valarcher, notaire à Mauriac.

Christophe Laden, de Saint-Chamant.

Devillas, juge au tribunal du district de Saint-Flour.

DISTRICT DE SAINT-FLOUR

Membres du Conseil général du district de Saint-Flour

Rongier, receveur des consignations, de Saint-Flour.

Dupré, de Talizat, maire du dit lieu.

Jacques Devillas, de Narnhac, canton de Pier-refort.

Antoine Bory, homme de loi, à Pierrefort.

Honoré Tissandier, de Valeujeol.

Durand Jurquet, maire de Neuvéglise.

Martin Crozat, de Chaliers.

Joseph Servant, notaire à Ruines.

Antoine Marsal-Beinal, chirurgien à Massiac.

Antoine Rodier, notaire à Auriac.

Joseph Sauret, maire de Chaudesaigues.

Jean-Pierre Richard, procureur de la com-mune de Saint-Flour.

Clavières, procureur-syndic du district de Saint-Flour.

Juges du Tribunal du District de Saint-Flour.

Jean Daude, président continué.

Devillas, déjà juge continué.

Lafont, déjà juge continué.

Gilbert Bonnault, maire de Saint-Flour.

Joseph-Raymond Ricat, homme de loi à Saint-Flour.

Juges suppléants du même District.

Pierre Chirol, ancien maire de Saint-Flour.

Guillaume Bory, père, de Narnhac.

Jacques Méjansac, de Pierrefort, député à la Convention.

Etienne Grandet, juge de paix de Chaudesaigues.

Guillaume Bory ayant été nommé commissaire national près le tribunal de Saint-Flour, fut remplacé comme juge suppléant par Jean-Jammes Beaufils, homme de loi.

DISTRICT DE MAURIAC

Membres du conseil général de ce District

Antoine Delmas, notaire à Mauriac.
Guillaume Vallète, avoué à Salers.
Jacques Chartaignou, de Saignes.
François Baillit, juge de paix de Saignes.
Jean Fonteilles, notaire à Riom.
Michel Juliard, de Champs.
Etienne-Eloi Rigal, notaire à Menet.
François-Marie d'Olivier, de Saint-Vincent.
Michel Demurat, cadet, de Fontenilles.
Jean Queille, fils, de Mauriac.
Claude Delfraissi, de Pleaux.
Julien Puyraymond, de Chameyrac.
Procureur-Syndic : Jean-François Sauvat, de Riom.

Juges du Tribunal du District de Mauriac séant à Salers.

Antoine Lescurier, président réélu.
Mirande, réélu.
Mailhes réélu.
Duclaux, réélu.
Antoine Demurat, de Fontenilles, commune de Sainte-Eulalie.

Juges suppléants.

Vigier, homme de loi à Riom.
Joseph Dapeyron, homme de loi à Pleaux.
Salvages, ancien accusateur public à Salers.
Marmontel, homme de loi à Auzers.
Commissaire national : Pierre Marmontel d'Auzers, ci-devant administrateur du département.

DISTRICT DE MURAT

Membre du Conseil de ce District.

Georges Raynal, de Cheylade.
Pierre-Pascal Ferradesche, d'Allanche.
Jean-Pierre Feydein, d'Allanche.
François Bertou, de Dienne.
Jean Peschaud, de Murat.
Jacques Roux, de Faufoulioux

Jacques Veschambres, de Roche.
Jean-Baptiste Marcombes, de Joursac.
Antoine Savignet, fils de Condat.
Antoine Campon, de Marcenat.
Jean Chabu, de Marcenat.
Pierre Chabru, de Poujeols.
Blac, procureur-syndic.

Juges du tribunal de Murat.

François Dubois, président.
Joseph Benoît, d'Allanche.
Antoine Roux.
Bertrand, de Vic.
Jacques Gobert Dolivier.

Juges suppléants.

Hugues Féradesches, d'Allanche.
Jean Dubois, de Murat.
Bory, de Vic.
Cirice Bonaventure Teillard.

DISTRICT D'AURILLAC

Membres du Conseil de ce District.

Jean Pierre Lentilhac.
Louis Bertrand.
François Henri Bouygnes.
Antoine Dèzes.

Joseph Bernard Denevers.
Germain Pierre Besse.
Mestre.
François Boudier.
Joseph Azma.
Pierre Boyssou.
Jacques Antoine Palis.
Pierre Pradenhes.
Antoine Moulin, procureur-syndic.

Membres du tribunal d'Aurillac.

Sérièzs, président.
Geneste.
Delzom.
Laval.
Dèzes.

Juges suppléants.

Boisset.
Prax.
Bastid.
Denevers.

TABLE DES MATIÈRES

www.ingramcontent.com/pod-product-compliance
Lightning Source LLC
Chambersburg PA
CBHW071946090426
42740CB00011B/1844